FOLIO JUNIOR

Titre original : *Red Sky in the Morning*
Édition originale publiée par Heinemann Young Books, Londres, 1988

Mon drôle de petit frère

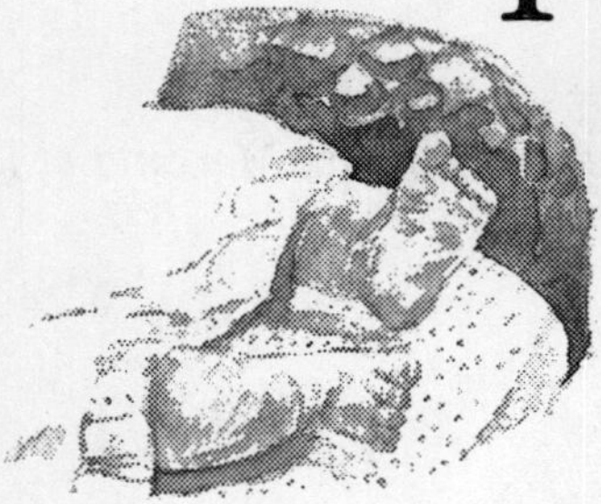

de Elizabeth Laird
illustrations de Ken Brown

traduit de l'anglais par Léo Ristel

Gallimard Jeunesse

Pour Graham, Margaret et Janet

AUSSI LONGTEMPS QUE JE VIVRAI, JAMAIS JE N'OUBLIERAI CETTE NUIT OÙ MON PETIT FRÈRE EST NÉ, une nuit où je n'ai pas dormi. Je venais à peine de me mettre au lit quand j'ai entendu papa téléphoner. Comme ma chambre est toute petite il suffit que je me penche un peu en avant pour ouvrir la porte sans avoir à quitter mon lit. C'est ainsi que j'ai entendu papa qui disait :

– C'est bien ça, la deuxième maison à gauche, après les boutiques. Et faites vite, s'il vous plaît.

Sa voix exprimait l'urgence et j'ai pensé qu'il appelait l'ambulance. Le moment était donc venu pour maman et pour moi, d'une certaine façon, car je savais qu'en son absence j'aurais des tas de responsabilités. Et comme j'avais tout prévu, je me suis levée tranquillement, j'ai mis ma robe de chambre et j'ai cherché à tâtons mes lunettes. Puis, toujours aussi tranquillement, je me suis dirigée vers la chambre de mes parents.

– Détends-toi, maman ! Tout se passera bien, tu verras.

J'avais dû parler un peu trop doucement car personne ne prêta attention à mes propos. Le visage de maman était révulsé par la douleur, et papa la regardait ; il était debout, sans bouger, une jambe dans son pantalon, l'autre à l'extérieur, ce qui lui donnait un air assez ridicule. Puis maman retrouva son visage de tous les jours, tourna la tête et m'aperçut ; elle avait l'air tout à fait normal et me fit même un sourire. Puis papa enfila complètement son pantalon. On aurait dit un film qui reprenait après un arrêt sur image. Enfin, tout ce que j'aurais voulu dire m'échappa soudainement car les choses se précipitèrent. Le visage de maman se

crispa à nouveau, elle se mit à respirer bruyamment et de façon inquiétante. Je n'avais jamais vu un regard en proie à une telle terreur, même dans un film de guerre. Papa attrapa sa veste et me bouscula en sortant de la chambre, puis, se rendant compte qu'il s'agissait de moi, il revint sur ses pas pour m'ébouriffer les cheveux, ce qu'il faisait chaque fois qu'il voulait être gentil avec moi. En fait je déteste ça mais, comme je ne veux pas le froisser, je subis en silence.

– Veux-tu être gentille ? dit papa. Va me faire un peu de thé.

L'ambulance ne sera pas là avant cinq minutes et il faut que je téléphone à ta grand-mère.

J'eus du mal à en croire mes oreilles. Jamais je n'avais entendu une chose aussi dure de ma vie ! Sa propre femme souffre le martyre, elle est probablement mourante, parce qu'elle va lui donner un autre enfant et tout ce à quoi il pense, c'est à son propre plaisir. J'ai compris alors à quel point les femmes avaient toujours souffert de l'égoïsme masculin : et cela depuis le début des temps.

– Désolée, papa, m'écriai-je avec dignité, maman a besoin de moi. Le thé est à sa place habituelle.

Mais maman se mit alors à pousser un hurlement terrible.

Papa se précipita dans la chambre et me ferma la porte au nez. Je n'ai pas osé entrer. Je n'en avais même plus envie. Je me sentais trop petite et démunie. J'étais en proie à des pensées terrifiantes. Qu'arriverait-il si maman mourait ? Je devrais sacrifier ma jeunesse pour prendre soin de papa et élever Katy qui avait alors sept ans et était épouvantable.

En pensant à Katy, je me souvins de toutes mes responsabilités. C'était mon boulot de m'occuper de la maison et de toute la famille quand maman ne le pouvait pas. Je décidai alors d'aller réveiller Katy de toute urgence, et me dirigeai vers sa chambre. Katy est une enfant particulièrement agaçante. Une vraie peste, même maman le pense. Selon maman, elle passe par une phase pénible, mais peut-être qu'elle se trompe, et il se peut que ce soit une phase interminable car, depuis sa naissance, Katy a toujours été une vraie calamité. Le plus terrible, c'est qu'elle ne veut jamais s'endormir le soir, il n'y a rien à faire. Une fois qu'elle est au lit, il faut marcher à pas de loup à l'extérieur et à l'intérieur de la maison et je ne peux même plus écouter mes disques dans ma propre chambre ; c'est une violation des droits de l'homme ! Elle se réveille en plein milieu de la nuit si le moindre papillon frôle la vitre de ses ailes. J'ai pensé que les cris de maman l'avaient réveillée, mais voilà, elle est exaspérante, ma petite sœur, et imprévisible. On n'entendait pas le moindre bruit dans sa chambre. Je me suis mise à genoux pour regarder par le trou de la serrure. Katy n'éteint jamais sa veilleuse ; elle pense qu'elle est si délicieuse que les ogres n'attendent que le moment de venir la dévorer en pleine nuit. J'ai pu voir ainsi distinctement qu'elle dormait à poings fermés.

« Très bien, pensai-je, cela me fait un souci de moins. » Mais en même temps j'aurais préféré qu'elle fût réveillée parce que j'aurais eu moins de choses à faire. Je n'avais en tout cas pas l'intention de trahir maman en faisant du thé à papa. Puis j'ai pensé que je pourrais quand même téléphoner à grand-mère car papa semblait avoir oublié de le faire. Je suis redescendue dans l'entrée où se trouve le téléphone. Mais juste au moment où j'allais faire le numéro, on a sonné à la porte ; l'ambulance était là. Les ambulanciers n'étaient que deux, mais ils ont envahi notre petit escalier comme s'ils avaient été douze. La cage d'escalier est si étroite que deux personnes ne peuvent s'y trouver en même temps : l'une est obligée de s'écraser contre le mur pour laisser passer l'autre. Je pensais souvent que le moyen d'échapper à cette situation aurait été de prétendre que ce que je portais était trop lourd et que j'avais envie d'aller aux toilettes. Mais j'avais fini par abandonner ces comportements puérils. Et pourtant, je ne pouvais m'empêcher de penser à cette entrée si étroite. Ce n'était pas comme chez Debbie (qui avait été ma meilleure amie) et tout à coup cela s'est mis à me tracasser. Comment allaient-ils s'y prendre pour descendre avec maman allongée sur le brancard ? Et s'il restait coincé, ce brancard, comme l'autre jour la vieille armoire que papa et maman avaient essayé de descendre pensant qu'elle serait mieux dans leur chambre ? Elle est restée bloquée entre le mur et la rampe et papa a dû aller chercher une scie pour la couper en deux, avant qu'il ne reste plus rien du papier peint. Il était furieux et il a mis des heures à dégager l'armoire. Pour maman, il est vrai, ce serait sans doute moins long. Si elle s'obstinait à rester sur son brancard, elle accoucherait là, dans l'escalier. Mais ce qui arriva c'est que maman n'eut pas besoin du brancard. Papa sortit de la chambre, tremblant et dans un drôle d'état ; les hommes ont monté les marches quatre à quatre, et l'un d'eux est revenu en courant me dire :

– Où est le téléphone, mon lapin ?

Puis il a fait un numéro, et quand je l'ai entendu parler, je me suis mise à trembler moi aussi. Je me suis sentie mal.

– C'est Alan, dit l'ambulancier. J'ai une urgence du côté de Blythe Road. Une dame qui est en train d'accoucher. Elle n'est

plus transportable, le bébé sera là d'un instant à l'autre. Stan fait ce qu'il peut, mais il dit qu'il se présente plutôt mal. Le mieux serait de nous envoyer un médecin au plus vite. Nous avons de l'oxygène et des instruments, mais pas ce qu'il faut pour une éventuelle réanimation.

Il avait dû oublier que j'étais là, car il a raccroché pour remonter aussitôt l'escalier en courant. Je ne pouvais supporter de le laisser partir comme ça. Je voulais savoir ce qui se passait.

– Est-ce que... est-ce que tout va bien ? ai-je bredouillé.

Cela paraissait bien faible par rapport à ce que je voulais demander, mais je ne savais pas quoi dire. J'avais peur.

– Bien sûr, bien sûr, m'a-t-il répondu de cette voix terrible et faussement enjouée des grandes personnes quand elles mentent aux enfants. C'est juste par précaution, a-t-il ajouté. Ta maman va aller tout à fait bien. Et le bébé aussi, je l'espère. Tout est arrivé un peu trop vite, c'est tout.

Il m'a donné une tape sur l'épaule, comme si j'avais été une de ses copines. Je n'avais que douze ans, mais comme j'étais plutôt mûre pour mon âge, je me suis sentie choquée.

– Je suis prête à donner mon sang si cela est nécessaire, lui ai-je dit.

Cette idée me rendait malade, mais si maman avait besoin de mon sang, c'était naturel que je lui donne. Il a eu le culot de rire !

– Mais non, nous n'avons pas besoin de ton sang ! Tout ce que tu peux faire, c'est être une bonne fille et nous laisser tranquilles. Pourquoi ne mettrais-tu pas de l'eau à chauffer ? Une bonne tasse de thé nous ferait du bien, à Stan et à moi, après tout ce boulot !

Si la situation avait été différente, je n'aurais jamais accepté de faire du thé. Mais si j'avais refusé, il aurait pensé que je ne savais pas comment m'y prendre. Aussi allai-je dans la cuisine où je remplis la bouilloire. Mais, tandis que l'eau était en train de bouillir et que je disposais les tasses, le lait et le sucre sur le plateau, je ne cessais pas une seconde de penser à maman et au bébé. Jusque-là, je n'avais pas songé au bébé comme à une personne réelle. Pour être tout à fait sincère, ça m'avait fait un choc quand maman m'avait appris qu'elle était enceinte. J'avais eu du mal à imaginer mes parents en train de faire l'amour. Cette seule idée me semblait plutôt dégoûtante. Surtout dans notre propre maison! Leur chambre était beaucoup trop banale, elle n'avait rien d'érotique. Mais j'ai fini par m'habituer à voir grossir maman, à la sentir de plus en plus fatiguée au point de compter de plus en plus sur moi pour accomplir certaines tâches à sa place. Dans un sens, ça m'a fait plaisir. Je me suis aperçue que j'arrivais sans peine à faire une fricassée d'œufs, de saucisses et de bacon, à réchauffer des pizzas au four. J'ai même fait des côtelettes d'agneau aux deux légumes. Et encore d'autres plats très compliqués, et puis je ne parle pas de toutes ces pommes de terre qu'il m'a fallu éplucher!

Pour revenir au bébé, je n'y avais pas beaucoup pensé, je l'avoue. Je voulais un petit frère, c'est certain. Mais surtout pas une autre Katy, surtout pas! Elle était déjà de trop à mes yeux. Et puis je me suis mise à tricoter un cardigan, mais comme je ne suis pas très douée pour le tricot, il est resté inachevé, et j'ai alors essayé d'apprendre le crochet. Là encore, les fils se sont emmêlés et je ne suis pas arrivée à finir mon ouvrage. Papa est allé chercher le landau au grenier, et maman a fabriqué une nouvelle doublure pour le petit lit d'enfant. Il était joli, ce petit lit vide et propre qui attendait près de celui de maman, mais je ne parvenais pas à l'imaginer occupé par un bébé vivant.

Puis je me suis rappelé une chose que j'avais lue dans un des nombreux romans victoriens que ma grand-mère m'avait offerts. Ces romans s'intitulaient *Perdue dans Londres, Toujours fidèle,* ou que sais-je encore. Ils étaient tous terriblement tristes et empreints de religiosité. On y trouvait des enfants qui, pieds nus dans la neige, vendent des allumettes, des enfants dont les mères sont évidemment alcooliques tandis que les bébés meurent en bas âge. Tout est si triste dans ces romans qu'on n'arrête pas de pleurer en les lisant. A force de pleurer sur *Le Vieil Orgue de Christie,* j'ai même attrapé une sinusite.

J'ai un faible pour ces romans, c'est vrai. Après les avoir lus, je me sens pure et noble, prête à affronter la mort. Dans ces vieux livres, quand un bébé doit venir au monde, la mère envoie toujours sa pauvre fille aînée à la cuisine pour faire bouillir des quantités d'eau. L'auteur n'explique jamais à quoi sert cette eau mais je savais que c'était ce qu'il fallait faire. J'ai donc sorti la grosse bouilloire, et puis les plus grosses casseroles que je pus trouver et je les ai remplies d'eau. Je les posai sur tous les feux de la cuisinière. Je renversai un peu d'eau sur le sol, mais je ne m'en sortis pas trop mal. Cela m'avait quand même pris pas mal de temps et je n'avais pas complètement terminé quand le docteur Randall est

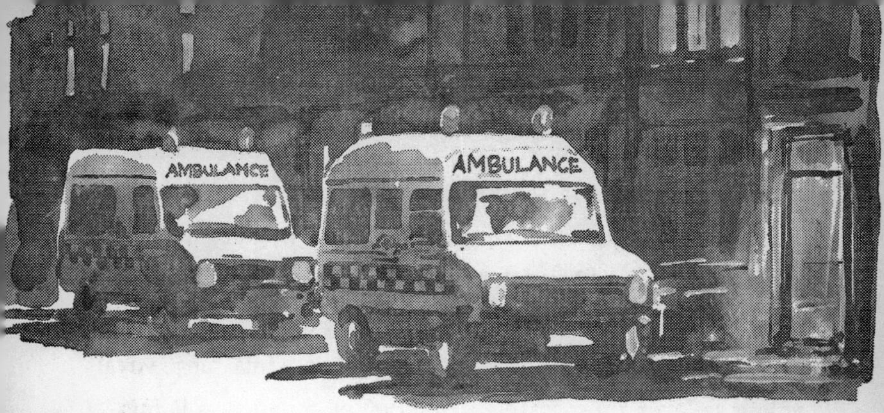

arrivé. Il a grimpé à toute vitesse le petit escalier, et puis une autre ambulance s'est arrêtée devant la maison. Les ambulanciers ont monté cette drôle de boîte et, un instant plus tard, ils sont redescendus en portant avec précaution cette même boîte, puis ils sont partis. Le docteur était toujours là. J'ai entendu sa voix venant de la chambre de mes parents située juste au-dessus de la cuisine. Partout ailleurs dans la maison c'était le silence. Je me rendis compte alors que Stan et Alan, les premiers ambulanciers, étaient partis eux aussi, sans même avoir pris leur tasse de thé. J'étais certaine qu'ils s'étaient moqués de moi et qu'ils avaient ainsi voulu se débarrasser de moi. Ça ne m'étonne pas!

Tout était si calme à l'étage supérieur que j'ai commencé à m'inquiéter. Que se passait-il? Maman allait-elle bien? Et pourquoi le bébé ne pleurait-il pas? Maman m'avait promis qu'après papa je serais la première à le voir. Mais personne ne m'avait encore appelée. J'étais de plus en plus impatiente et pourtant je craignais de monter, d'ouvrir la porte et d'entrer dans la chambre. Tout ce qui touche à la médecine me semble toujours un peu sacré. Faire irruption dans une pièce où un médecin est à l'œuvre aurait été aussi déplacé que de pénétrer en coup de vent dans une église pour lancer un « Salut mon vieux ! » à l'officiant.

Et puis je me suis souvenue du thé. Tout le monde en voudrait sûrement après ce qui s'était passé. Le matin était presque là. Une lumière grisâtre envahissait la fenêtre de la cuisine. Le ciel était strié de bandes rouges. C'était la première fois que je voyais le jour se lever, un spectacle inquiétant et grandiose à la fois, et tout à fait approprié à une naissance.

J'ai vérifié le nombre de tasses et de couverts, j'ai rempli la théière et j'ai grimpé l'escalier, le plateau dans les mains. Je l'ai posé par terre pour entrouvrir la porte, puis ramassé et je suis entrée. Je vis aussitôt qu'ils avaient une conversation importante. Maman était dans son lit, l'air pâle et fatigué, papa était assis près d'elle et lui tenait les mains. Le docteur Randall se trouvait de l'autre côté du lit, l'air sérieux. Maman me vit la première.

– Oh ! Anna, me dit-elle avec un petit rire maladroit.

Papa se leva d'un bond vers moi pour me débarrasser du plateau. Je n'étais pas dupe : il voulait m'empêcher de voir pleurer maman. Car je savais que maman pleurait.

– Où est-il ? C'est un garçon ? Est-ce que je peux le voir ? demandai-je tout bas à papa.

Et papa restait là sans rien dire. Puis, le plateau à la main, il tourna la tête et jeta un regard au docteur Randall qui fit alors un pas vers moi pour me dire de cette voix stupide que peuvent prendre les grandes personnes pour parler aux enfants :

– Oui, Anna, tu as un petit frère, mais comme il est un peu fragile, nous avons dû le faire conduire à l'hôpital.

– Cette boîte, dis-je à voix basse, tout en me demandant pourquoi je n'arrivais pas à parler normalement, il était dans cette boîte, n'est-ce pas ? Est-ce qu'il...

Le docteur Randall sourit, pour la première fois.

– Mais non, Anna, il n'est pas mort. Ce n'était qu'une couveuse. Un appareil spécial pour les bébés qui ont besoin de soins et de chaleur. Il ne va pas mourir. Mais...

Il s'est interrompu pour regarder papa qui cette fois-ci a été courageux. Il a posé ses mains sur mes épaules.

– Ton petit frère n'est pas tout à fait comme il faudrait. Le docteur Randall pense qu'il pourrait être handicapé. Nous ne saurons rien de précis avant une semaine ou deux, mais il n'a pas l'air...

Et puis la plus terrible des choses est arrivée. Papa s'est mis à pleurer. Il n'a pas sangloté, non. Il s'est un peu effondré, c'est tout. Cela m'a ébranlée, naturellement. Je n'ai jamais pu voir pleurer quelqu'un sans m'y mettre aussi. C'est contagieux, comme le rire, comme le bâillement ou je ne sais quoi. Maman s'est mise de nouveau à pleurer, nous étions tous en larmes et je me sentais très malheureuse. Mais en même temps, curieusement, une partie de moi restait extérieure à tout cela et pensait : « Voilà que nous sommes tous en train de pleurer, papa, maman et moi, pour une raison tout à fait sérieuse et, pendant ce temps, Katy dort comme une souche. » Je me sentis alors vraiment solidaire d'eux.

Je n'arrivais toujours pas à imaginer le bébé comme un être réel. Mon cerveau me disait que c'était triste, un petit frère handicapé mais, au fond de moi, je ne le ressentais pas vraiment, si je puis dire.

On se sent tout drôle quand on cesse de pleurer – après avoir pleuré avec quelqu'un d'autre. C'est gênant, bien sûr, mais c'est aussi presque rassurant. On se sent plein d'amour, proche et totalement vide, en même temps.

Au bout d'un moment, des idées horribles me sont venues de nouveau à l'esprit. Handicapé, qu'est-ce que cela signifie ? De quoi aura-t-il l'air, mon petit frère ? Aura-t-il les yeux bridés ? Aura-t-il des gestes saccadés ? C'est peut-être le fait d'avoir pleuré en même temps que tout le monde qui m'a finalement donné le courage de questionner le docteur Randall.

– Qu'est-ce que vous entendez par handicapé ?

Le docteur Randall a hoché la tête.

– J'étais en train d'expliquer tout cela à tes parents, dit-il. On ne peut encore rien savoir. C'est une question de temps.

– Mais... est-ce qu'il sera sourd ou aveugle ?

Papa et maman étaient étrangement calmes et je savais combien ils redoutaient la réponse. Mais le docteur Randall s'est montré enjoué.

– Certainement pas ! Je suis même tout à fait sûr qu'il verra bien et qu'il entendra bien.

– Est-ce qu'il sera aussi mignon que les autres bébés ? Il n'aura pas l'air bizarre, avec la bouche ouverte qui bave tout le temps ?

La question retentit brutalement. Mais cela m'importait plus que toute autre chose.

– Je n'en sais rien, Anna, a répondu le docteur Randall. Franchement, je n'en sais rien. Mais, à mon avis, tous les bébés sont mignons, même ceux qui...

Il se tut. Mais j'ai insisté.

– Seriez-vous capable de dire s'il pourra jouer comme les autres enfants, aller en classe et parler et rire et tout et tout ?

Le docteur Randall perdit alors son expression enjouée.

– Il saura rire, ajouta-t-il doucement, j'en suis absolument sûr. Mais pour tout le reste, il nous faut patienter ; je ne peux pas en dire plus. Il me semble que nous devrions tous dormir un moment.

Il prit la main de maman et la tapota.

– Essayez de vous reposer, dit-il. Vous devez être exténuée. C'est fatigant d'accoucher à domicile et vous avez été vraiment très courageuse. La piqûre va agir, dormez le plus longtemps possible. Vous pouvez appeler l'hôpital à n'importe quel moment, mais on ne pourra rien vous dire de nouveau avant demain matin. L'infirmière viendra vous donner des soins à l'heure du petit déjeuner. Et surtout, ne vous inquiétez pas ! Le bébé est solide. Il n'y a aucun danger !

Il prit son sac et le ferma d'un coup sec. Il paraissait soudain pressé de partir. La fatigue, j'imagine. Maman dit toujours que les épreuves émotionnelles sont les plus épuisantes de toutes. Sans doute n'avait-il pas été aussi bouleversé que nous. Ce n'était pas

son bébé à lui qui ne tournait pas rond. Mais toute cette journée l'avait épuisé, c'est du moins ce qu'il me semblait.

Quelques petites secondes après son départ, il revint et passa la tête par la porte d'entrée entrebâillée.

– On dirait que votre cuisine est remplie de vapeur, dit-il.

L'eau bouillante ! Les quatre feux allumés ! J'avais tout oublié. Je courus à la cuisine. Aveuglée par la vapeur, je me frayai un chemin vers la cuisinière. Heureusement, aucune casserole n'avait brûlé ; mais des milliers de ruisselets coulaient le long des murs. Je me suis traitée d'idiote. J'avais peur que tout le monde se moque de moi. Le docteur Randall n'avait au grand jamais réclamé la moindre goutte d'eau, bouillie ou pas. Je décidai de vider tous les récipients et de mettre de l'ordre avant l'arrivée de papa à qui je dirais que j'étais tellement émue que j'avais oublié la bouilloire sur le feu. Mais il était trop tard, papa était déjà là derrière moi.

– Tu penses à tout, Hosanna, dit-il de sa voix de tous les jours.

Il m'appelait toujours par toutes sortes de noms impossibles rimant avec Anna. Cela peut devenir exaspérant, surtout quand nous ne sommes pas seuls. Et puis je trouve que ça fait snob. Mais il ne veut pas y renoncer ; il se contente de rire en disant :

– Tu connais ce dicton : « Un enfant aimé n'a jamais assez de noms. Alors, ne t'en plains pas, Gloriana. »

J'étais cependant soulagée car il n'a pas ri de moi.

– Bon, dis-je, j'ai toujours pensé qu'il fallait faire bouillir de l'eau pour la naissance d'un bébé, mais honnêtement, je ne sais pas pourquoi.

Papa non plus n'avait pas l'air de bien savoir pourquoi.

– Pour stériliser les instruments, je suppose, dit-il enfin. De toute façon, c'est le moment d'aller au lit, maintenant qu'il fait grand jour.

Je ne me sentais pas fatiguée du tout. Pas encore. Je savais que je serais complètement épuisée le lendemain. Mais, pour l'instant, il y avait trop de choses que je voulais savoir.

– Est-ce que ça fait toujours aussi mal ? laissai-je échapper étourdiment.

Je ne voulais pas poser cette question à papa et pourtant je n'ai pu m'en empêcher.

– Qu'est-ce qui fait mal ? demanda-t-il.

Je ne lui en voulais pas d'être aussi borné, et insensible au fond, car il n'était qu'un mâle ignorant qui ne savait rien de tout cela.

– D'avoir un bébé, évidemment !

Le visage de maman, et la manière dont elle criait...

– Demande à maman ! Comment veux-tu que je sache, moi ? Tout ce que je sais, c'est que ta maman pense que ça vaut la peine. Après tout, c'est comme ça que tu es née, et Katy aussi.

– Et maintenant tu as un fils, lui dis-je en regrettant aussitôt mes paroles car papa avait l'air terriblement triste.

– Oui. Maintenant j'ai un fils. Va, Susanna. Il est tard, va te coucher.

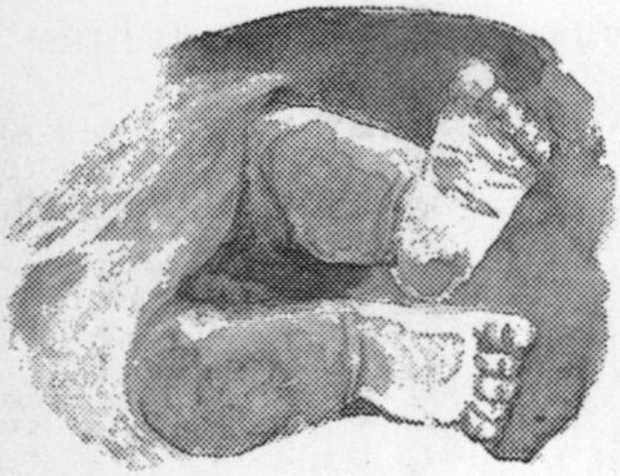

ET LE LENDEMAIN JE SUIS RETOURNÉE À L'ÉCOLE, MAIS JE ME SENTAIS DANS UN DRÔLE D'ÉTAT. J'ÉTAIS TOTALEMENT ÉPUISÉE, évidemment. Selon papa qui avait pris huit jours de congé, j'aurais pu rester à la maison. Mais je voulais aller à l'école. Essentiellement pour quitter la maison où régnait une atmosphère lugubre et terrifiante, avec maman qui pleurait tout le temps, papa pendu au téléphone à longueur de journée et Katy redevenue une vraie peste. Elle s'était mis en tête de redevenir l'irrésistible et doux bébé qu'elle n'était plus et à qui on ne peut rien refuser; ce qui me donnait envie de la battre. L'autre raison c'est que j'étais impatiente de raconter à tout le monde ce qui s'était passé. Cela n'arrive pas tous les jours d'avoir à annoncer une pareille nouvelle. Ce n'est pas comme Sandra dont le frère s'est engagé dans les Marines, ni comme Miranda qui ne manque pas une surboum et qui fait des trucs avec des garçons. Je dois dire qu'en ce moment je ne suis pas la plus populaire en classe.

J'avais eu pourtant une meilleure amie, Debbie, mais il y a longtemps déjà. C'était très bien parce que tout le monde l'aimait, ainsi les autres m'avaient-elles admise dans leur groupe. Debbie est une des plus belles filles que je connaisse. Elle a de longs cheveux châtains qui ondulent et qui brillent, un peu comme ceux des mannequins, dans les publicités pour du shampooing. Elle a un nez finement dessiné, des dents parfaitement alignées, une peau transparente, veloutée comme celle d'une pêche, et des yeux bruns, immenses et lumineux, qui me font penser à ceux d'un épagneul. Cela peut paraître idiot mais je pourrais regarder Debbie pendant des heures et des heures. Ce n'est pas que je sois amoureuse d'elle ou quelque chose comme cela. J'ai même cessé de l'aimer quand elle a commencé à me préférer Emma qui dit tout le temps du mal de moi derrière mon dos et qui me traite de danger public, à cause de mes boutons d'acné. Je n'aime que ce qui est beau, en fait. Mon sens esthétique est très développé. Et quand je regarde Debbie, c'est comme si je contemplais une œuvre d'art. Depuis que je savais que maman était enceinte, je n'avais cessé d'imaginer comment j'annoncerais la nouvelle à mes camarades, aussi ne pouvais-je supporter de ne pas l'annoncer tout de suite. Ça s'est merveilleusement passé, beaucoup mieux que je n'aurais osé l'espérer. Tout le monde était fasciné. Il est vrai que j'ai raconté ce qui s'était passé sur un mode un peu dramatique. Mais c'était dramatique, après tout. Ce n'est pas tous les jours qu'un bébé naît à la maison parce que tout est arrivé trop rapidement et que la mère n'a pu se rendre à temps à l'hôpital. Je parlai aussi des deux ambulances, arrivées l'une après l'autre, et puis du médecin, de mon idée de faire bouillir des quantités d'eau, et le docteur qui me félicitait de cette initiative – c'était papa, je le sais, mais je trichais un peu pour faire mon effet. Mes copines adorèrent l'épisode où j'avais vu les ambulanciers porter la petite boîte, et mon terrible pressentiment que quelque chose d'effrayant était en train de se passer et comment je me tenais là, dans l'entrée, sans oser bouger, les mains sur mon cœur battant à tout rompre, essayant vraiment de prier. Je leur racontai également l'épisode au cours duquel le docteur Randall m'avait dit qu'il ne s'agissait que d'une couveuse. Pourtant je n'ai pu me résoudre à dire que le bébé risquait d'être handicapé. Il est vrai que je ne pouvais moi-même l'admettre.

– J'aimerais bien savoir comment il est, dit Debbie. C'est dommage que tu n'aies pas encore pu le voir, Anna. Je suis sûre qu'il a de ravissantes petites mains et de jolis petits pieds, comme en ont tous les bébés. J'adore les bébés.

– Il a sûrement les dents qui avancent, comme sa grande sœur, a ajouté Emma en ricanant méchamment.

Je fis semblant de ne pas entendre. Elle était jalouse et elle avait peur que Debbie ne redevienne ma meilleure amie. Pour une fois, Debbie a pris mon parti; il faut dire qu'elle peut être vraiment gentille quand elle le veut bien.

– Ne sois pas idiote, Em, a dit Debbie. Les nouveau-nés n'ont pas de dents. Et, de toute façon, Anna aura de très jolies dents quand elle ne portera plus son appareil. Je suis sûre, Anna, qu'il est mignon, ton petit frère. Est-ce que nous pourrons passer le voir quand il sera de retour à la maison ?

Je ressentis alors un petit frisson, comme si j'avais mal fait mes devoirs, et cette idée me donne toujours froid dans le dos.

– Je ne sais pas. Il faudra que je demande à maman. Le docteur Randall a dit que c'est un bébé très fragile. Il faut le protéger le plus possible et éviter les foyers d'infection.

Tout en parlant, j'ai lancé un regard très dur à Emma dont les dents ne sont pas plus jolies que les miennes ; elles sont couvertes de tartre parce qu'elle n'arrête pas de manger des sucreries.

Ce soir-là, nous avons beaucoup discuté du choix du prénom du bébé. Avant sa naissance, papa voulait l'appeler Edward, il disait que cela faisait solide, calme... et sérieux. Maman aurait préféré James, le prénom de mon grand-père. J'aurais souhaité quant à moi un prénom plus moderne : Jason, ou Jasper. Nous étions toutes les deux dans la chambre de maman lorsque Katy s'est écriée :

– Appelons-le Sam ! Oh ! ma petite maman ! Appelle-le Sam, sois gentille !

Elle avait cette voix pleurnicharde qu'elle prend chaque fois qu'elle veut une barre de chocolat supplémentaire. Cette enfant n'a aucun sens des réalités ! Et pourquoi Sam ? Parce que Tracey, sa meilleure amie, a un grand frère prénommé Sam, et que Katy se croit amoureuse de lui. Amoureuse ! A sept ans ! Vous voulez rire !

– J'ai une idée ! m'écriai-je soudain. Pourquoi ne lui donnerions-nous pas quatre noms ? Tous les princes en ont quatre sinon plus. On pourrait l'appeler James Edward Jasper Sam, et tout le monde serait content.

– Non ! dit soudain maman en élevant la voix. Pas James !

– Mais je croyais que tu avais promis...

En voyant le visage de maman, je me tus et me mis à réfléchir. J'avais l'impression de patauger dans des eaux troubles, sans trop savoir pourquoi. C'est alors que papa arriva avec une tasse de thé pour maman.

– Vous parlez de prénoms, dirait-on. Eh bien, j'en ai trouvé un. Je suis son père après tout. C'est moi qui décide. Nous allons l'appeler Benedict. J'ai regardé ce que cela signifie. Cela veut dire « béni ».

Papa a regardé maman. Mais maman a détourné la tête. Benedict. Quel drôle de prénom ! Mais à force de me le répéter pour moi-même j'ai commencé à l'aimer. Ben. Benny. Benedict.

– Benedict, et puis quoi ? ai-je voulu savoir. Et quel sera son second prénom ?

– Benedict, a dit papa. Je ne pense pas qu'il soit besoin d'un autre prénom.

Papa se tut, mais maman ne disait toujours rien.

– Eh bien, c'est décidé, a ajouté papa.

Et il sortit en emportant le plateau vide.

J'étais à l'école quand papa et maman ont ramené Ben de l'hôpital. Je savais, en ouvrant la porte, que quelque chose de très excitant venait de se produire. J'ai parfois l'impression d'avoir une sorte de pouvoir magique. C'est probablement surnaturel. Je pourrais être une sorcière, célèbre, une voyante ou encore un médium, mais je préfère ne pas me laisser aller à rêver à tout cela. Je suis trop sensible. Après tout, on ne peut pas savoir à quel genre d'horreurs tout cela peut vous conduire.

Toujours est-il que c'était certainement l'odeur qui m'avait mise sur la piste. Une légère odeur de nouveau-né flottait dans l'air, un doux mélange de talc, de lait et de pipi, que les bébés ont seulement dans les tout premiers mois. J'ai laissé tomber mon cartable, j'ai enlevé mon anorak, et me suis précipitée à l'étage supérieur. Maman venait juste de l'endormir. Elle avait l'air beaucoup plus heureuse que les jours précédents. Elle s'était montrée si triste, si irritable, si éplorée. Il m'avait parfois semblé qu'elle laisserait Ben à l'hôpital et qu'elle ne le ramènerait jamais à la maison. J'étais terrifiée à l'idée qu'elle ne l'aimait pas ; cette idée me torturait car si maman n'aimait pas Ben, peut-être cesserait-elle de m'aimer moi aussi. Mais en voyant la tendresse illuminer son visage, je me suis sentie si soulagée que j'avais envie de danser tout autour de la chambre de maman. C'était un peu comme si elle était enfin de retour après une très très longue absence.

– Viens le voir, Annie, me dit-elle.

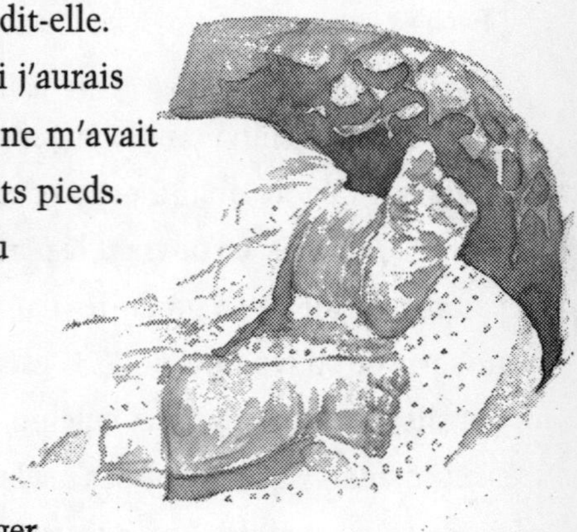

Je me demande souvent si j'aurais autant aimé Ben si maman ne m'avait pas d'abord montré ses petits pieds. Maman a soulevé un bout du couvre-lit, et j'ai vu alors la perfection de ses minuscules orteils, roses comme des coquillages, doux comme des pétales. Il a dû sentir bouger la couverture, car il les a tendus puis, très vite, il les a repliés. Je n'avais jamais rien vu d'aussi beau, de toute ma vie.

Puis maman a laissé retomber le bout de la couverture et elle en a soulevé l'autre extrémité, et j'ai vu pour la première fois le visage de mon petit frère chéri. Ses yeux étaient clos, mais ses lèvres remuaient; il suçotait. Et soudain j'ai vu ce qui n'allait pas chez lui. C'était sa tête. Sa tête était beaucoup trop grosse et les veines étaient bien trop apparentes et trop bleues. Mais en bordure de ses jolies petites oreilles les cheveux poussaient, frisottés, tout fins et soyeux. J'ai tendu la main pour le toucher.

– Je peux, maman ?

– Oui, bien sûr.

Elle souriait mais si faiblement qu'on la sentait au bord des larmes. Elle se pencha, prit la couche par terre et se dirigea vers la salle de bains; je me retrouvai alors seule avec Ben. J'avais beau n'être qu'une gamine de douze ans, myope et boutonneuse, l'amour n'avait pas de secret pour moi. Je tombai amoureuse de Ben sur-le-champ et lui chuchotai à voix basse :

– Que tu sois handicapé ou pas, je m'en moque. Je t'aime et je t'aimerai toujours. Je te protégerai, et si quelqu'un essaie de te faire le moindre mal, il aura affaire à moi.

Je me suis penchée sur son petit lit et l'embrassai. C'était comme si j'embrassais une rose. Il remua un peu et il me sembla qu'il m'avait entendue. C'était absurde, je le sais. Ben était beaucoup trop petit pour comprendre, pour savoir qui j'étais, peut-être même pour éprouver un sentiment quelconque. Il n'arrivait même pas encore à ouvrir les yeux. Mais j'étais sûre qu'il m'aimait lui aussi.

Les quelques semaines qui ont suivi ont sans doute été les plus heureuses de ma vie. Je me moquais pas mal de ce que l'on pouvait dire à l'école. Je ne vivais que pour l'instant où je reviendrais à la maison, courant follement vers la chambre de maman, prenant Ben dans mes bras et le couvrant de baisers. Je m'apercevais à peine que sa tête grossissait de jour en jour, cette tête que son pauvre petit cou avait tant de mal à porter. J'étais bien trop occupée à lui enlever sa couche et à talquer amoureusement son petit derrière. Maman me regardait faire en riant.

– Tu feras une merveilleuse maman, un jour, me dit-elle.

– Qu'entends-tu par un jour? répondis-je, assez vexée. Je suis déjà une merveilleuse maman!

A l'exception de l'allaitement, bien sûr, je me sentais tout à fait capable de jouer ce rôle auprès de Ben. Je savais l'habiller, lui donner son bain, le bercer et le promener dans son landau.

– Mais tu n'aimes pas tellement t'occuper de ses couches sales, ni laver ses brassières, m'a fait remarquer maman, assez sèchement.

Mais je savais que j'aurais pu faire également tout cela. Il m'était même arrivé plusieurs fois d'imaginer – d'imaginer comme ça, malgré moi – que papa et maman venaient d'avoir un accident et que Ben était complètement à ma charge. Evidemment, cela aurait été terrible. Sans doute aurais-je été très ennuyée, me sentant seule, inquiète et débordée. Mais ces quelques heures, au retour de l'école, étaient merveilleuses.

Et pourtant peu à peu la réalité a repris ses droits. Ce n'est pas que j'aimais moins Ben. Mais j'avais aussi d'autres préoccupations telles que l'école et les examens. Tout se passe à peu près bien dans mon école, en général, mais vers la fin de l'année scolaire, tout le monde devient fou furieux. Les professeurs nous surchargent de travail et nous rendent complètement dingues. Je trouve plutôt sadique de fixer la période des examens au mois de juin, alors que c'est le seul mois de l'année où il fait un temps acceptable. Je me demande pourquoi on ne les met pas en novembre, quand on n'a rien de mieux à faire. Je trouve les professeurs injustes ; je suis certaine qu'ils nous font passer les examens au mois de juin pour avoir du temps libre et pouvoir rêver, pendant qu'ils nous surveillent, aux vacances qu'ils passeront en Italie, aux Bahamas ou je ne sais où encore.

Je ne sais pas pourquoi j'ai une telle horreur des examens ; ils me terrorisent. Il me semble que ce que je redoute le plus c'est le moment où le prof lit à haute voix les résultats, car tout le monde sait si on est bon ou mauvais. Et c'est cette peur qui me paralyse et m'empêche de travailler ! Mon esprit s'engourdit. Je me demande comment on peut obtenir de bons résultats avec l'esprit engourdi. D'autant que certains de ces examens ne servent strictement à rien. Prenez les arts plastiques, par exemple, pourquoi faire passer des examens ? Ou on a du génie ou on n'en a pas. Et pour découvrir qui vous êtes, ils vous jugent sur ce que vous venez de faire en classe ! Tout cela relève sans doute de cette mentalité bureaucratique dont parle papa. En tout cas, j'ai travaillé très dur cet été-là, et je ne me suis pas trop mal débrouillée. Debbie a été première en histoire, comme d'habitude, et presque première en géographie, mais je l'ai battue en français et en anglais ; très bien pour moi !

C'est en partie à cause des examens, en partie parce que Debbie est partie avec Emma que je me suis retrouvée assez seule cet été-là. Mais si je suis tout à fait honnête envers moi-même, je dois reconnaître que c'est surtout à cause de Ben. J'ai dit à maman que je le voulais pour moi toute seule, ne voyant pas pourquoi je le partagerais avec qui que ce soit. En fait, je sais que c'est parce que je ne voulais pas montrer Ben à mes copines. Et je pense que maman a compris, car elle ne m'a pas poussée à inviter mes amies, même pour mon anniversaire. Elle-même ne voyait presque plus personne. Elle s'occupait plus que jamais de la maison et ne sortait pas très souvent. Peut-être est-ce parce qu'elle venait d'avoir un bébé. Mais je ne pense pas que ce fût la seule raison. En effet, au bout de quelques mois, il était évident pour tout le monde que Ben était très sérieusement handicapé. Sa tête était deux fois plus grosse que celle d'un bébé normal. Selon le docteur, Ben était hydrocéphale. Plus tard, disait-il, on pourrait l'opérer pour extraire le liquide qui envahissait sa tête, du moins en partie, alors elle deviendrait plus petite, mais ça ne changerait rien à son handicap. Il ne fallait surtout pas espérer qu'il grandisse normalement.

« Grave arriération physique et mentale », disait le certificat que maman avait rapporté de l'hôpital. Il n'était pas nécessaire d'avoir du génie ou d'avoir fait des études de médecine pour comprendre ce que cela voulait dire. Mais je n'en aimais pas moins mon petit frère. Je l'aimais même encore plus, j'en suis sûre. Mon désir était plus fort que jamais de le protéger contre tous ceux qui ne comprenaient rien, qui pouvaient se moquer de lui, ou qui, d'une façon ou d'une autre, auraient la cruauté de le rejeter.

PENDANT LES DEUX ANNÉES QUI ONT SUIVI, J'AI MENÉ CE QU'IL FAUT BIEN APPELER UNE DOUBLE VIE. Cela fait romantique de s'exprimer ainsi, mais c'était en réalité un souci permanent et terrible. La maison et l'école étaient deux univers complètement différents, dans la mesure où je faisais tout pour les séparer. Si un jour je deviens actrice, je devrai mon talent à l'entraînement que j'ai subi pendant ces deux années-là. Tous les matins, en refermant derrière moi la porte d'entrée, j'étais encore l'Hosanna de mon papa et la seconde maman de mon petit frère Ben. Puis, quelque part entre la grille du jardin et l'arrêt du bus, je devenais la boutonneuse Anna Peacock, la risée de ma classe.

Pendant assez longtemps, je ne me suis pas trop souciée de l'école. Je vivais dans un monde irréel, coupée des réalités de la vie quotidienne. L'horrible vérité est que j'étais alors follement éprise de Mlle Winter. Longue et mince comme un roseau, elle avait des cheveux courts et bouclés, et quand elle envoyait une balle de tennis par-dessus le filet, son short montait et descendait sur ses cuisses dures comme de l'acier, et je sentais alors une sorte de désir fou d'être sauvée par elle de requins mangeurs d'hommes. Ce souvenir est plutôt embarrassant pour moi. Avoir le béguin pour elle ne m'a rien apporté de bon. Je me sentais paralysée et me laissais aller à une souffrance inutile. Je me souviens encore avec une grimace de douleur de ses encouragements.

– Cours, Anna ! Où sont tes bras ? Pour l'amour du ciel vas-y ! Frappe la balle ! Plus fort ! Tu es paralysée ou quoi ?

J'aurais mieux fait de tomber amoureuse de Mlle Penny parce que l'anglais est la matière où je suis la meilleure, et qu'elle m'aimait bien. Seulement voilà, l'amour est aveugle. Et puis, comment prendre au sérieux quelqu'un dont le prénom est Spenda ? Spenda Penny ? De toute façon, tout cela est très loin. J'ai dépassé ce stade depuis de longs mois, fort heureusement.

A la maison, j'étais quelqu'un d'autre. J'appartenais à Ben. Quand il eut deux ans, Ben avait beaucoup grandi et, naturellement, sa tête était énorme. Je savais parfaitement qu'il ne serait jamais comme la plupart des enfants. A un an il n'arrivait pas encore à s'asseoir et, le jour de son deuxième anniversaire, il ne se déplaçait qu'en rampant. Je me souviens de Katy à cet âge-là ; elle jouait avec des cubes en plastique, elle fabriquait des châteaux en les mettant les uns sur les autres. Maman ne les avait pas ressortis pour Ben. Un jour je les ai retrouvés au grenier et je les ai donnés à Ben. Pourquoi n'aurait-il pas des jouets normaux, comme les autres enfants ? En les découvrant maman eut un drôle de regard.

– Voyons, Anna, a-t-elle dit, et j'ai senti qu'elle avait du mal à garder son calme, il faut que tu acceptes certaines choses. Benny n'est pas un enfant comme les autres. Il ne saura pas se débrouiller avec ces cubes, il n'arrive même pas à prendre un jouet dans sa main. Et il ne faut pas espérer qu'il y arrivera un jour.

Cela m'ennuyait beaucoup que maman s'exprime ainsi. Je savais évidemment que Ben était différent. Pour qui me prenait-elle ? Et pour qui prenait-elle Ben ? Même s'il n'était pas tout à fait normal, il pouvait bien apprendre certaines choses, et en éprouver du plaisir.

– Je sais, maman, dis-je, en ayant du mal à rester calme et correcte, mais je ne vois pas pourquoi il n'aurait pas au moins le droit de les regarder, et de les mordre un peu si ça l'amuse.

J'ai soulevé Ben et j'ai alors senti sa grosse tête blottie contre mon épaule. Il ne parlait pas du tout, mais il avait fini par savoir donner des baisers. J'avais passé un temps fou à le lui apprendre. Vous ne pouvez vous imaginer à quel point il eut du mal à acquérir une chose aussi évidente pour nous. Il m'a fallu près d'une semaine pour arriver à lui faire arrondir la bouche, puis une autre pour lui montrer comment il fallait la presser contre ma joue, puis deux autres encore pour obtenir un vrai baiser. Cela représenta un mois de travail intensif mais quand il m'a embrassée pour la première fois, je me suis sentie si fière et si heureuse que c'était comme si une myriade d'étoiles explosaient dans ma tête. Ben aussi était fou de joie. Il savait combien il s'était montré astucieux. Il riait sans cesse en agitant ses petits bras. Le docteur Randall ne s'était pas trompé, la nuit où Ben était né; il savait en effet bien rire, il était même très doué.

Ce premier apprentissage réussi me donna d'autres idées. Je souhaitais lui enseigner autre chose. Mais le problème était que, dès qu'il avait appris une chose, il ne voulait plus s'arrêter; il semblait insatiable. Il faut savoir cependant que personne, à l'exception de maman, et quelquefois de papa, n'avait très envie d'être embrassé par Ben; il est vrai que ses baisers étaient un peu plus mouillés que ceux de la plupart des gens.

– Je trouve ça dégoûtant, disait, l'air choqué, cette petite prétentieuse de Katy. Je me demande comment tu fais pour supporter toute cette salive.

Quelques semaines plus tôt, j'aurais pincé Katy très fort pour la punir d'avoir dit des choses pareilles, mais j'avais passé l'âge de me chamailler avec ma petite sœur. En fait, je m'étais rendu compte que la pauvre était affreusement jalouse. Et c'est un sentiment qui ne m'est pas étranger. Je le connais bien pour avoir vu ma meilleure amie me quitter pour une sale petite intrigante. Et en disant cela je suis plutôt gentille. J'ai pensé à d'autres expressions, mais c'est celle qui me paraît convenir et qui sonne le mieux dans ma phrase. J'avais l'embarras du choix. Il est vrai que je ne le lui ai jamais dit en face, mais ça n'a été que partie remise. Un jour viendrait, je le savais, qui verrait la destruction d'Emma, et j'en serais à l'origine. Je venais de comprendre à quel point Katy était jalouse, quand elle a hurlé :

– Tu ne joues jamais avec moi comme tu le fais avec Ben. Qu'est-ce qu'il faut que je fasse ? Que je sois handicapée aussi ?

J'ai d'abord eu envie de la couper en morceaux; mais soudain je compris, et un sentiment paisible de supériorité m'envahit. Je me suis sentie adulte, c'était comme si j'avais eu cinquante ans ou presque. Alors j'ai souri à Katy, en lui disant doucement :

– Allons, allons, Katy ! Ne sois pas jalouse. Tu sais que je t'aime beaucoup.

Mais cette misérable gamine est devenue encore plus furieuse. Il ne me restait plus qu'à l'ignorer. Je me promettais cependant qu'un jour je ferais quelque chose de vraiment sensationnel pour Katy, comme l'emmener manger un hamburger ou la laisser écouter mon vieux disque préféré des Beatles. Mais, pour l'instant, ce n'était pas réalisable. Le problème, c'était que je me sentais coupable envers Katy. Il est vrai que je lui préférais Ben. Etait-ce vraiment parce qu'il était handicapé ? Ç'aurait été un peu étrange et intéressé ? Non, certainement pas. Plus j'y pensais, plus je me disais que ça n'avait rien de méchant. Il me fallait aimer Ben pour lui-même, rien que pour lui-même. Je ne pourrais pas le guérir, naturellement, mais je pourrais le rendre heureux en l'aimant de tout mon cœur. Enfin, j'ai cru comprendre ce que maman avait essayé de m'expliquer. D'ailleurs, elle était beaucoup plus affectée que moi par le fait qu'il était différent. Elle fuyait les autres bébés. Au supermarché, par exemple, elle ne les regardait plus et ne leur faisait plus de petites chatouilles, comme auparavant. Sans doute évitait-elle de penser à ce qu'il aurait pu être s'il avait été normal. Elle se contentait d'avancer d'un air résolu avec Ben dans la poussette en s'efforçant d'ignorer les réactions des passants.

J'étais évidemment beaucoup moins préoccupée que maman par ce handicap, mais je supportais très mal la façon dont les gens regardaient Ben. Ils l'observaient d'une manière appuyée, le regard horrifié, le visage figé, en détournant ensuite la tête comme s'ils n'avaient rien remarqué. Mais dès que j'avais le dos tourné, pour chercher un pot de confiture ou autre, je sentais leurs yeux fixés sur le pauvre petit Ben. Il est vrai qu'il s'en moquait, lui, tout occupé à attraper ses pieds pour se les fourrer dans la bouche, comme le font tous les bébés. Seulement voilà, Ben avait deux ans. Avant de l'emmener faire des courses, je me sentais comme un gladiateur romain qui se ceint les reins pour affronter son adversaire. J'évitais la rue principale, je me dirigeais vers le boulevard le plus éloigné de l'école pour me donner l'illusion d'être à l'abri des regards. Mieux, je prenais les devants, prête à fustiger les mal-appris, ne fût-ce que symboliquement. Et je suis sûre que je souffrais plus que maman lors de ces expéditions. Les gens n'osaient rien lui dire, à elle. Mais comme je paraissais très jeune – on me donnait treize ans à peine alors que j'avais quatorze ans et demi – ils prenaient avec moi toutes sortes de libertés. Un jour, une femme m'a arrêtée en disant :

– Vous permettez, mon petit ?

Et puis elle s'est penchée sur Ben en écarquillant les yeux, et a ajouté :

– Qu'est-ce qu'il fait là, celui-là ? Je n'ai jamais vu quelqu'un d'aussi vilain.

Enfin elle m'a lancé un drôle de regard, comme si elle pensait que j'étais folle ou quelque chose comme ça. Les enfants me gênaient beaucoup moins. Ils disaient tout haut ce qu'ils pensaient, sans dissimuler leur curiosité, comme : « Regarde, maman ! Il a une drôle de tête, le bébé ! » Mais je ne supportais pas les mères qui disaient : « chut ! » en entraînant leur progéniture. Pourquoi ne souriaient-elles pas et ne disaient-elles pas quelque chose de gentil comme : « Oui, mais il a de jolis cheveux bouclés », ce qui était la vérité. Le pire ça avait été quand une horrible vieille femme avec une barbe avait grommelé :

– Quelle honte ! Sortir un enfant pareil qu'une femme enceinte pourrait voir. Cela devrait être interdit.

J'étais dans un tel état de stupeur que je n'ai rien pu dire. Qu'auriez-vous fait à ma place ? Heureusement, cela s'est passé chez Mme Chapman, la marchande de journaux, une femme exceptionnelle. Elle a toujours été très bien envers Ben.

– Vieille garce ! a dit Mme Chapman. T'en fais pas, Anna. Ben est un beau petit garçon. N'est-ce pas, mon canard ?

Elle s'est penchée par-dessus son casier de barres de chocolat et de bonbons à la menthe. Sa volumineuse poitrine a failli tout faire tomber. Puis elle a taquiné Ben qui a ri aux éclats; il riait toujours en voyant Mme Chapman. Comment ne pas aimer cette femme? Aller dans sa boutique pour apercevoir ses généreuses rondeurs coincées entre les étagères de sucreries et de journaux, et la voir se pencher pour faire de grosses bises à Ben, cela me consolait de toute la méchanceté et de toute la bêtise du monde.

– Ce sont les gosses comme lui qui nous apprennent ce qu'est l'amour, disait-elle. Ecoute-moi bien, Anna, et n'oublie pas ce que je vais te dire: une de mes petites cousines était comme ça. Un vrai rayon de soleil, voilà ce qu'elle était.

Pourtant c'est Mme Chapman qui, involontairement, provoqua ma perte. J'étais sortie faire des courses un samedi matin. Au retour, je me suis arrêtée chez elle. Il me fallait une carte d'anniversaire pour papa. C'est très difficile de faire un cadeau à un homme; on ne sait jamais ce qui va lui plaire. Ben était là, près du comptoir, dans sa poussette, en train de battre des mains pour amuser Mme Chapman. Je venais d'éliminer une carte fantaisiste représentant un ivrogne en train d'allumer quarante cigarettes à la fois – papa allait fêter ses quarante ans – parce qu'il ne fallait tout de même pas l'encourager à prendre de mauvaises habitudes. J'hésitais à en choisir une autre, un peu kitsch, un pêcheur solitaire au bord d'un lac embrumé, lorsque soudain j'entendis une voix plus que familière.

– Arrête, Greg! Tu es épouvantable!

J'ai eu froid dans le dos. C'était Miranda. Une vraie mangeuse d'hommes. Elle avait un de ces corps, ferme et pulpeux, à faire craquer toutes les coutures, et elle savait tout ce qu'il fallait savoir sur le sexe. J'essayais de ne pas écouter tout ce qu'elle pouvait nous raconter, au vestiaire ! Traitez-moi de puritaine si vous voulez, mais j'ai des principes et je déteste la pornographie. Je trouve que c'est avilissant pour les femmes. Mon seul espoir était que Miranda et son horrible Greg seraient trop absorbés l'un par l'autre pour m'apercevoir, ou pour remarquer Ben. Je ne pouvais pas prévoir l'intervention de Mme Chapman.

– Hé ! vous deux, là-bas ! Faites attention au bébé ! cria-t-elle du fond de sa boutique, craignant sans doute qu'ils ne renversent la poussette. Miranda a dû voir alors Ben, car je l'ai entendue qui disait : « Oh ! Dieu de Dieu ! » de cette manière stupide qui est la sienne, en se mettant à glousser comme une poule.

J'espérais de toutes mes forces qu'ils ne me verraient pas. Je n'osais même pas retourner voir les cartes d'anniversaire. J'ai baissé la tête, pour regarder le plancher. Je pourrais même vous faire un croquis très précis de ses lattes poussiéreuses, de ses fentes et de ses nœuds. Mais je n'ai vraiment pas eu de chance !

– Enlève Ben de là, Anna ! a crié Mme Chapman, d'une voix de stentor, sinon ces deux tourtereaux vont faire une bêtise.

Il n'y avait plus aucun espoir. Je suis sortie de ma cachette ; j'ai senti mon visage s'empourprer, mes mains devenir moites. En me voyant, Miranda eut le souffle coupé. Si je n'avais pas été si bouleversée, j'aurais éclaté de rire; son accoutrement la rendait carrément ridicule. Il faut savoir qu'un samedi matin dans notre petite ville n'a rien à voir avec un samedi soir à Monte-Carlo. Miranda portait une combinaison moulante en Lurex vert, décolletée jusqu'au nombril. Si osée qu'on en restait pantois. Mais j'étais bien trop paniquée pour reprendre un quelconque avantage. Je n'avais qu'une envie : me sauver.

– C'est lui ton frère Ben ? dit Miranda, se décidant finalement à faire fonctionner sa bouche badigeonnée d'orange.

– C'est lui, en effet, dis-je, et si tu veux, tu peux y aller de tes questions, de tes commentaires et autres mauvaises plaisanteries. C'est le moment, Miranda !

Elle a ouvert de grands yeux étonnés et j'ai regretté mes propos irréfléchis. Elle n'avait pas du tout l'air d'avoir envie de rire. Elle se contenta de secouer imperceptiblement la tête.

– Laisse tomber, Pea, dit-elle.

Et cela, d'une voix tranquille, avant de sortir de la boutique, suivie du lamentable Greg. Je restai là tremblante. Pendant un petit moment, je ne sus plus où j'étais. Le plancher s'est mis à craquer, puis j'ai senti sur mon épaule l'énorme bras de Mme Chapman.

– Dis donc... Elles ne sont pas au courant, tes copines, pour Ben ?

J'ai secoué la tête.

– Elles ne l'étaient pas; eh bien, elles ne vont pas tarder à l'être.

Mme Chapman m'a donné une petite tape.

– Bien ! tu dois m'en vouloir assez d'avoir vendu la mèche, mais, tu vois, je ne te ferai pas d'excuses. Tu es un peu sotte, Anna. Tu ne peux pas garder une pareille chose secrète. Il est grand temps que tes copines sachent la vérité. Tu n'as pas honte de Benny, au moins ?

– Bien sûr que non, dis-je, tout en sachant bien que je mentais.

Alors Mme Chapman fit une chose qu'elle n'avait encore jamais faite. Elle prit une barre de chocolat sur une étagère, en retira l'emballage et me la donna.

– Tout cela reste entre nous, a-t-elle ajouté. Chaque chose en son temps. Allez, raconte-moi maintenant. Explique-moi pourquoi tu ne veux pas que tes amies le sachent. Qu'est-ce qui te fait si peur ?

Il n'est pas facile d'avoir une conversation sérieuse avec une marchande de journaux, un samedi matin. Les gens ne cessent de venir pour acheter des cigarettes, pour demander à mi-voix des magazines un peu osés, cachés sur les étagères les plus hautes, pour réclamer des cartes de condoléances à envoyer à une dame âgée qui vient de perdre son poisson rouge. C'est ce jour-là que j'ai fait le vœu de ne jamais tenir une boutique ; je ne me sens vraiment pas douée pour ce métier. Mais cela ne nous a pas empêchées d'échanger quelques propos. Mme Chapman a réussi à tirer de moi une foule de choses. Je lui ai tout raconté sur l'école, sur ces filles qui ne m'aimaient pas beaucoup. En fait, si je leur avais caché Ben c'était pour ne pas me laisser humilier par leurs inévitables moqueries.

Ensuite, elle m'a fait un peu la morale et, ce qui est amusant, c'est que ça ne m'a pas déplu, du moins pas trop. Elle était si bonne, et je savais que ses propos étaient pleins de bon sens. Je lui faisais confiance. C'était sans doute en partie parce qu'elle avait connu et aimé un enfant handicapé, mais ce n'était pas tout. Mme Chapman était d'une sagesse étonnante. Elle avait le don de voir ce qui se passait dans le cœur humain et d'en sonder les profondeurs les plus obscures.

– De quoi as-tu peur, alors ? dit-elle. De leur compassion ? Ne sois pas stupide, Anna. Nous avons tous besoin de compassion. Il faut seulement que tu apprennes à l'accepter. Il est quelquefois plus difficile d'être celui qui reçoit que celui qui donne. Tu ne vas pas me dire que tu as vraiment peur de leurs moqueries ! Au fond, ce sont des gosses plutôt gentilles. Même cette Marina ou Miranda, je ne sais plus, elle a bon cœur, c'est évident. Si elles te taquinent, c'est que tu fais l'idiote, quand tu montes sur tes grands chevaux, comme tout à l'heure, par exemple ; ensuite, elles se sentent rejetées. Si tu leur disais tout simplement : « Vous voyez, c'est vrai, mon petit frère est gravement handicapé, et si je ne vous en ai jamais parlé, c'est que cela m'a rendue trop malheureuse », je parie un paquet de bacon aux croquants d'oignons qu'elles comprendraient et seraient très gentilles avec toi. Pourquoi ne leur dis-tu pas comment tu essaies d'enseigner plein de choses à Ben ? Et comme il apprend bien. Il sait battre des mains, maintenant, n'est-ce pas, mon trésor ?

Elle se pencha, en respirant un peu fort, chatouilla le petit ventre de Ben qui se tortilla de plaisir. Puis elle se redressa en se soutenant avec peine.

– Les gens sont effrayés par les handicapés, uniquement parce qu'ils n'en ont pas l'habitude, reprit-elle. Si tu laisses tes copines mieux connaître Ben, et qu'elles voient à quel point tu t'occupes bien de lui, je suis sûre qu'elles tourneront toutes autour de toi comme les abeilles autour d'un pot de miel, et qu'elles auront très envie de l'aimer, elles aussi.

Mme Chapman parla longtemps, souvent interrompue par des demandes de taille-crayons et de bonbons ; mais je dois avouer qu'elle ne parvint pas vraiment à me convaincre. Pendant tout ce temps je ne pouvais m'empêcher de penser aux mesquineries d'Emma et à la voix impassible de Debbie qui n'aurait pas manqué de déclarer du ton de la personne qui n'est pas concernée : « Dis donc, tu nous a toutes roulées, Pea ! Comment veux-tu qu'on s'intéresse encore à toi ? »

Mais il est une chose pour laquelle Mme Chapman avait vu juste ! Deux jours plus tard, il me faudrait les affronter en classe. Je ne pouvais y échapper. Tenir le coup, en étant franche et courageuse, et surtout en restant simple, demeurait mon seul espoir. L'attente du lundi fut pour moi une interminable épreuve.

J'AI REMARQUÉ UNE CHOSE CURIEUSE À PROPOS DE L'EXISTENCE. IL ARRIVE QUE CE QUE L'ON REDOUTE LE PLUS NE SOIT PAS SI TERRIBLE EN RÉALITÉ. Seules les horreurs imprévisibles vous laissent démuni. Le lundi fatidique finit par arriver. J'étais dans un tel état d'énervement que maman s'en est aperçue. Papa n'était pas souvent là car il avait un nouveau travail qui l'éloignait de nous, parfois même durant le week-end. Papa me manquait. Je me suis toujours mieux entendue avec lui qu'avec maman. Maman est moins délicate que papa. Voilà, une fois, après le dîner, au moment de débarrasser la table, je n'ai pas pu cacher ma mauvaise humeur. Alors, au lieu de me demander gentiment ce qui n'allait pas et que je mourais d'envie de lui dire, elle m'a lancé d'un air déplaisant :

– A l'avenir, je ne me donnerai plus de mal pour te préparer de bons repas si tu ne prends même pas la peine de m'aider à débarrasser !

Alors, ostensiblement, Katy a enlevé la nappe, puis a donné un coup d'éponge sur la table. Et moi, naturellement, après cela je suis restée là sans pouvoir dire un mot.

Le lendemain, je suis arrivée tôt à l'école. Je pensais qu'il était préférable de parler à Debbie avant qu'on ne commence à chuchoter. Tout le monde écoute Debbie. Si elle décidait d'être aimable, je n'avais plus à me faire de souci. Aussi suis-je restée un moment à l'entrée du vestiaire, en faisant semblant de lire une page de *David Copperfield* qu'on avait à étudier à la maison. C'était une erreur car cette chère Spenda est passée et m'a vue.

– Veux-tu me rendre un petit service, Anna ? Peux-tu aller dans la salle des professeurs dire à M. Henry qu'un gros paquet de livres l'attend dans le bureau. Mme Clark souhaite qu'on l'en débarrasse le plus vite possible.

C'était la catastrophe ! Que faire ? J'ai marmonné quelque chose qui aurait été bien plus méchant si je n'avais pas autant aimé Spenda, puis je suis partie comme un bolide, pour revenir d'ailleurs aussitôt.

Devant la salle de gym, je suis tombée sur Vicky.

– Veux-tu me rendre un petit service, Vick ? Peux-tu transmettre ce message à M...

– Non, dit Vicky en changeant son chewing-gum dégoûtant de joue et en écarquillant les yeux

avec ce sourire bête qu'elle arbore chaque fois qu'elle veut voir jusqu'à quel point elle peut être insupportable.

Rien d'étonnant à ce que personne ne puisse la souffrir. J'ai fait de mon mieux pour Vicky; l'année dernière je lui ai offert une carte de Noël, j'ai accepté d'être placée à côté d'elle pendant le repas du jeudi saint, mais il y a des gens qui ne souhaitent pas vraiment qu'on soit gentil avec eux.

Ayant fini par trouver M. Henry, j'ai très vite regagné le vestiaire mais je me suis fait attraper par deux profs parce qu'il est interdit de courir dans les couloirs.

J'avais perdu tout espoir de voir Debbie seule; j'ai vu de loin ses beaux cheveux châtains dépasser de toutes les têtes blondes, brunes et rousses et, même à cette distance, il me paraissait évident qu'elles étaient toutes en train d'écouter Miranda avec la plus grande attention.

– Jamais je n'avais vu une chose pareille, disait-elle. Cette tête énorme, comme celle d'un monstre dans un étrange dessin animé d'horreur.

Une sorte de déclic se produisit alors en moi. J'ai laissé tomber mon sac et j'ai couru vers le groupe. Elles ont toutes reculé en me voyant; sur leur visage se lisait la curiosité, mais pas la moindre trace de compassion. Peut-être est-ce ce qui éveilla en moi une extraordinaire colère doublée d'une force surhumaine, et d'un calme jusque-là inconnu de moi-même.

Faisant face à Miranda, je m'écriai :

– Mon frère Benedict n'est pas un monstre, et si je vous entends,

toi ou quelqu'un d'autre, prononcer encore ce mot ici, je vous étranglerai de mes propres mains !

Il y eut alors un silence absolu, surnaturel, en quelque sorte. Tout le vestiaire, occupé par quarante collégiennes, retenait son souffle.

– Mais, ai-je poursuivi, il est gravement handicapé, il est atteint d'hydrocéphalie. Il ne sera jamais un enfant comme les autres, mais il sait rire, il est gentil, il est mignon, il est adorable, et si vous voulez savoir pourquoi je ne vous ai rien dit jusqu'à présent, c'est parce que je savais que vous diriez des choses horribles sur lui et que vous vous moqueriez de lui, et puis ce n'est pas vrai, il n'est pas... il n'est pas un...

J'éclatai alors en sanglots. Après coup, il me sembla que c'était ce qu'il y avait de mieux à faire bien que, sur le moment, je me sois sentie complètement stupide. Pourtant, peu à peu ma colère se dissipa et ce fut comme un soulagement. Cependant, les filles se groupèrent toutes autour de moi et j'entendis Miranda qui disait :

– Sincèrement, je ne voulais pas...

Et Debbie, s'exprimant avec une fureur que je ne lui connaissais pas, répliqua aussitôt :

– Tais-toi ! Tu en as déjà assez fait !

Puis elle me tendit un mouchoir, en ajoutant :

– Ma pauvre Pea, tu aurais dû nous le dire depuis longtemps. Nous sommes vraiment désolées, tu le vois bien !

A ce moment la sonnerie a retenti pour le premier cours. La nouvelle s'était répandue dans toute l'école comme une traînée de poudre. Cela n'avait rien d'étonnant, mais ce qui m'a surprise, c'est de constater que chacun se montrait attentionné.

Tout le monde venait vers moi pour me dire un mot gentil : « Mon Dieu, comme c'est terrible » ou encore « Ma pauvre petite Pea », en m'offrant des chocolats. En général, j'essaie de ne pas en manger trop, à cause de mes boutons, mais, ce jour-là, chaque bouchée de chocolat m'a semblé comme une branche d'olivier, et il était de mon devoir d'accepter. Même Emma m'a prêté son taille-crayon ; ce fut son premier beau geste envers moi. Dès le début de la récré, Miranda m'a coincée.

– Anna chérie, me dit-elle, je me trouve si méchante. Je n'ai vraiment pas fait exprès de te dire ce que j'ai dit. Sincèrement, je le regrette, mais tu as été si...

– Je sais, j'ai été dure, dans la boutique. C'était ma faute, autant que la tienne.

Au fond, je me sentais magnanime envers tout le monde, y compris envers Miranda. Mais cela correspondait à un état d'esprit particulier, une sorte de délivrance. Je me sentais débarrassée d'un poids énorme. Je me sentais soudain légère, légère au point de bondir en marchant. C'était merveilleux de voir qu'en connaissant mon secret, les gens semblaient m'aimer davantage, alors que j'avais redouté le contraire.

J'étais en route vers le préau quand Mme Gordon m'a demandé de la suivre dans son bureau. Elle est l'adjoint du principal et c'est une dame très digne. A vrai dire, je n'ai jamais tellement cru à sa dignité, surtout depuis que je l'ai vue, par la porte entrouverte de la salle des professeurs, en train de remplacer son mégot par un bonbon à la menthe pour dissimuler l'odeur du tabac. Ce n'est pas que je désapprouve les fumeurs. Je sais que ce sont des personnes victimes d'une accoutumance trop forte pour pouvoir être abandonnée. Mais Minnie Gordon venait tout juste de nous faire une lecture sur les bienfaits de l'hygiène, suivie de propos violents contre le tabac. Je suis à peu près certaine qu'elle nierait fumer même si je lui soutenais le contraire. Espèce de vieille hypocrite! Ce jour-là, cependant, elle se montra tout ce qu'il y a de plus affable.

– Ah! dit-elle. Je suis contente de vous voir, Anna. Je suis vraiment désolée, pour votre petit frère. Comme ce doit être dur pour votre mère!

Voilà une réaction typique d'adulte. Ils pensent tous que les parents sont les seuls à pouvoir ressentir quelque chose. Ils ne comprennent pas que pour les frères et les sœurs, ce n'est pas ce qu'il y a de plus facile non plus.

– Vous auriez dû m'en parler depuis longtemps, dit-elle. L'école doit être informée des problèmes familiaux.

Puis elle me laissa là pour une tâche plus urgente, toute à la satisfaction de s'être montrée si compréhensive. Mais c'est alors que je l'ai vue de dos. C'était un bien triste spectacle ! Son ourlet était décousu et son collant était filé. « Chacun son problème familial, me dis-je en moi-même. Elle boit peut-être en cachette chez elle. Cela ne m'étonnerait pas. »

Puis vint le cours d'anglais de l'après-midi. Spenda nous fit lire des poèmes à voix haute. Des poèmes sur les animaux. Je ne sais pas si c'était du fait de son intelligence et de sa perspicacité ou par le plus grand des hasards, mais elle semblait toujours choisir l'élève qui convenait le mieux pour lire tel ou tel poème. Pour Debbie, c'était l'aigle, vivant « tout près du soleil dans des pays d'azur ». Pour Emma, le serpent, « tordu comme l'éclair ». Parfait ! Le poème suivant s'intitulait *L'Ane*. Le regard de Spenda fit le tour de la classe.

– A toi, Anna, me dit-elle en souriant gentiment.

J'aime bien lire des poèmes à haute voix. J'y mets beaucoup de sentiment, je sais respecter le rythme et les césures. Pour la première strophe, ça s'est très bien passé. Mais quand j'ai abordé la deuxième, les mots m'ont littéralement sauté au visage :

« Avec une tête de monstre, des cris exaspérants et des oreilles en ailes déployées... » J'étais là, debout, stupide comme l'âne du poème, sans pouvoir articuler le moindre mot.

– Continue, Anna, dit Spenda. Que t'arrive-t-il ?

– Avec une tête de monstre...

Il m'était impossible de poursuivre et c'est alors que mon regard croisa celui de Debbie. Elle avait la main sur la bouche, ses yeux pétillaient, et elle avait un mal fou à ne pas s'esclaffer.

Evidemment c'était contagieux et je ne pus m'empêcher de pouffer. Toute la classe en fit autant, Spenda nous regardait en essayant désespérément de parler.

– Mais que vous arrive-t-il, à toutes ? Que se passe-t-il ? Arrêtez, s'il vous plaît !

Ce qui nous fit rire de plus belle évidemment. Nous essayions bien de cesser mais le moindre gloussement provoquait un nouveau fou rire collectif. Spenda réussit finalement à nous faire taire malgré les hoquets et les suffocations.

Je dois dire que Spenda n'était pas du tout fâchée et qu'elle nous a même donné des explications. Elle ne m'a pas obligée à lire le poème jusqu'au bout. A la place, elle nous a parlé des tortures que les hommes infligent encore trop souvent aux animaux. C'était vraiment très intéressant. Après ce cours, je me sentais merveilleusement bien. Le rire avait balayé toute tension. Toute la classe avait ri avec moi, et non pas de moi. Et j'en faisais à nouveau partie intégrante.

Un peu plus tard, alors que nous étions en train de jouer au ballon, j'ai pris mon courage à deux mains pour demander à Debbie de venir chez moi après l'école. Je pensais qu'elle n'accepterait pas ; en fait elle a sauté sur l'occasion ! Je subodorais que c'était plus par curiosité un peu morbide, mais je ne lui en voulais pas. Cela ne pouvait pas faire de mal à Ben, après tout. Il ignorerait toujours ce que pouvait être une offense.

C'est la réaction de maman qui m'a le plus étonnée. En voyant Debbie, elle a paru gênée. C'est terrible à dire, mais quand nous sommes entrées dans la cuisine où elle était en train de laver la vaisselle, chaussée de ses vieilles pantoufles, les cheveux à moitié lisses et à moitié frisés, à cause d'une permanente déjà ancienne, j'ai eu honte. En la voyant à travers les yeux de Debbie, j'ai constaté soudain combien elle avait changé en deux ans. Depuis la naissance de Ben elle était tellement affairée à la maison qu'elle ne sortait pratiquement plus et ne prenait plus la peine de s'occuper d'elle-même. Il y avait une éternité qu'elle ne s'était plus rien acheté de joli, et elle ne se maquillait plus.

– Où est Ben ? ai-je demandé.

Ses yeux se remplirent soudain d'inquiétude.

– Il dort. Il ne faut pas…

Mais au même moment j'ai entendu le gazouillis de mon petit frère. Un pigeon avait dû se poser sur le rebord de sa fenêtre, cela le faisait toujours rire. Je ne manquais jamais de mettre des miettes de pain sur le rebord pour y attirer les oiseaux. Quand l'un d'eux venait picorer au moment où Ben se réveillait, celui-ci ouvrait tout grands les yeux et se mettait à rire ! Son rire était pour moi le bruit le plus joyeux du monde.

Je voulais à tout prix faire sortir Debbie de la cuisine avant qu'elle ne remarque le tablier taché de maman, ou encore son collant troué. Je la poussai vers les escaliers puis nous sommes montées. Mon cœur battait très fort.

Ben était dans son petit lit. Il arrivait maintenant à s'asseoir et j'essayais de lui apprendre à attraper la barre du haut afin qu'il puisse se mettre debout. Il n'en était pas encore là, mais nous travaillions cela tous les jours. Et, comme d'habitude en me voyant, il tendit les bras en criant de joie. Je le soulevai et dansai en ronde avec lui, peut-être afin de retarder le moment où Debbie le verrait. Quand je me retournai elle était penchée sur son sac. Elle se releva, une barre de chocolat à la main.

– A-t-il le droit d'en manger ? demanda-t-elle.

– Mon Dieu oui, il adore le chocolat, c'est bon le chocolat, n'est-ce pas, mon petit Benny Ben ?

Je savais bien que j'étais en train de faire l'idiote, mais je ne pouvais m'empêcher de babiller. Enfin, j'ai jeté un coup d'œil vers Debbie et là j'ai cessé. Elle regardait intensément Ben, l'air tout à fait concentré. Son regard n'avait rien de fureteur, ou de mal intentionné, il était simplement attentif, bienveillant même.

– Ça lui fait mal ? demanda-t-elle. Sa tête doit peser très lourd, elle est si grosse et sa forme est si bizarre.

– Non, il ne semble pas en souffrir, répondis-je, rassurée par l'attitude résolument objective de Debbie. Ça ne lui fait pas mal mais quand il s'enrhume c'est catastrophique. Il a des troubles respiratoires, et c'est très inquiétant. Maman a passé plus d'une nuit blanche auprès de lui à cause de ça.

– Elle doit être épuisée, dit Debbie. Moi, je suis en loques quand je ne dors pas mes huit heures. Je me demande comment elle fait pour tenir le coup.

– Elle ne peut pas faire autrement. Elle n'a pas vraiment le choix, dis-je.

En réalité, c'était une chose à laquelle je n'avais guère pensé jusque-là. Maman avait passé tant de nuits à veiller Ben que j'avais fini par m'y habituer. J'avais cessé de me demander comment elle y parvenait.

Les pensées de Debbie sont si limpides, si transparentes qu'on pourrait les voir se former. Elle est incapable de tricher. Elle peut se montrer exaspérante, blessante et capricieuse, mais on sait toujours où on en est avec elle. Elle a l'air détachée de tout; c'est un peu comme si elle regardait vivre les autres au microscope, ou d'une autre planète si l'on veut. Et cela peut lui poser de gros problèmes. Je n'oublierai jamais le jour où Mme Gordon s'est mise en colère parce que Debbie venait de lui envoyer la porte en pleine figure. Debbie s'est excusée d'un air si machinal et si indifférent que Mme Gordon était folle de rage tandis que Debbie restait là à la regarder avec une curiosité quasi scientifique. Et, lorsque Mme Gordon s'est arrêtée pour souffler et pour repiquer quelques épingles à cheveux dans son petit chignon gris, Debbie a dit, d'une voix toujours aussi impassible : « Excusez-moi, Mme Gordon, mais vous devriez aller voir votre dentiste. Vous avez mauvaise haleine. »

Mme Gordon est demeurée stupéfaite et pétrifiée, puis elle a refermé la bouche avec un claquement. Enfin, elle est allée dénoncer Debbie à la directrice, mais l'incident est resté sans suite. Selon Emma, la directrice a dû se trouver mal à cause de l'haleine de Mme Gordon, et la traiter d'étrangère indésirable. Mais le plus drôle fut le réel étonnement de Debbie devant toute cette agitation. Elle prétendait n'avoir fait que donner un sage conseil à Mme Gordon, laquelle aurait mieux fait de lui en être reconnaissante.

Cela explique pourquoi je n'ai pas été surprise ni même gênée par les questions étonnantes de Debbie au sujet de Ben. J'ai fini par lui dire :

– Tu peux le prendre un peu, si tu veux !

Son détachement scientifique sembla alors l'abandonner. Elle se montra un peu nerveuse, clignotant de ses beaux yeux marron, puis elle secoua sa belle crinière et recula d'un pas.

– J'ai peur de lui faire mal ou de le laisser tomber, dit-elle. Je ne connais rien aux bébés.

– Ne sois pas idiote, ai-je répondu.

Et je lui mis Ben dans les bras...

Elle est restée une minute sans oser bouger, puis elle l'a tourné vers elle. Et dès que Ben lui fit face, ce qui devait arriver arriva ! Il arrondit la bouche et l'embrassa sur la joue. Malheureusement, je venais de lui donner un bout de chocolat, si bien qu'une traînée brune coulait sur son menton.

Debbie est quelqu'un de très méticuleux. Elle se lève tous les jours à l'aube pour se faire un shampooing et, quand elle avait cessé d'être ma meilleure amie, elle m'avait avoué que, tout en aimant ma personnalité, elle ne supportait pas la vue de mes boutons, de mes dents en avant et de mes cheveux trop gras car tout cela choquait son sens esthétique. A l'époque j'en avais terriblement souffert, mais je savais qu'elle ne voulait pas être désobligeante. C'est sa franchise excessive qui l'avait poussée à me dire ces choses si désagréables. Elle pensait bien agir en m'expliquant ainsi ce qu'elle pensait. Je m'attendais à ce qu'elle repousse Ben, l'air dégoûté. Mais elle le regardait, non sans surprise.

– Il m'a vraiment embrassée ! Ou bien est-ce par hasard ?

– Mais non ! Je lui ai appris à donner des baisers. Cela a été très long. Je ne savais pas à quel point cela pouvait être compliqué.

– Mais c'est fascinant, a dit Debbie en s'essuyant la joue. Je l'imaginais comme une masse à peine animée, tout juste capable de manger et de respirer. Tu le crois vraiment capable d'apprendre et de se faire des amis comme une personne ordinaire ?

Si quelqu'un d'autre m'avait posé une question pareille, je lui serais rentrée dedans, sans hésiter. Mais voilà, Debbie est un cas tout à fait spécial. Ses réactions ont quelque chose de primitif. Si elle n'était pas si belle, je pense que cela lui poserait des problèmes.

– Bien sûr, ai-je répondu. Je lui ai aussi appris à battre des mains. Regarde.

Elle a posé Ben par terre, et il a exécuté son numéro à la perfection.

– Qu'est-ce qu'il sait faire d'autre ? demanda Debbie.

– Je voudrais lui apprendre à se mettre debout. Regarde !

Je mis mes doigts dans les poings fermés de Ben. Il les serra et je l'aidai à se dresser. Il resta debout un instant, le front plissé, puis il se laissa retomber sur le derrière. Il rit, visiblement content de lui.

Debbie se montra carrément enthousiaste.

– Tu pourrais lui apprendre toutes sortes de choses, dit-elle. Si tu faisais un gros effort, il rattraperait son retard. Tu pourrais même lui apprendre à parler !

Elle prit la main de Ben et la lui montra du doigt.

– Main, dit Debbie en élevant la voix. Dis-le : main !

– Tu n'y arriveras pas, dis-je. Il faudra attendre des années avant qu'il apprenne à dire un mot, et ce n'est même pas sûr qu'il y arrive. Il ne sera jamais un enfant comme les autres, il n'y a rien à faire. Il faut être réaliste, et ne pas se faire d'illusions. Pour lui, apprendre un truc tout simple, par exemple manger une barre de chocolat, c'est comme s'il devait escalader l'Everest.

Ben venait de saisir un doigt de Debbie, et il regardait ce dernier fixement, visiblement concentré, ce qui dut plaire à Debbie, car elle s'écria :

– Je le trouve malin, tout à fait particulier et différent. Tu aurais dû me parler de lui depuis longtemps, Anna. J'aurais bien voulu le voir quand il était tout petit. Cela doit être amusant de lui apprendre des choses. Je pourrai revenir le voir ?

– Bien sûr, Debbie. Quand tu voudras.

Elle mit son sac en bandoulière avec une grâce et une aisance que je n'aurai jamais, même après cent ans d'exercices de yoga quotidiens.

– Au revoir, dit-elle. A demain.

– Tu ne restes pas pour le thé ? ajoutai-je tout en cherchant à dissimuler ma déception.

– Impossible. J'ai ma chorale ce soir.

Je la raccompagnai jusqu'au bas de l'escalier puis la suivis du regard, avant de refermer la porte d'entrée. En me retournant, je vis maman, changée, recoiffée; elle s'était même un peu maquillée.

– Je croyais que Debbie prendrait le thé avec nous, dit maman.

– Elle a sa chorale ce soir, ai-je répondu.

Maman avait l'air un peu confus. Je savais quelle question elle avait envie de me poser, et je savais également qu'elle n'y arriverait pas.

– Je leur ai tout dit, pour Ben, dis-je afin de la soulager. Miranda m'a vue la semaine dernière avec lui, et ça a fait le tour de la classe. J'ai pensé que les filles seraient dures avec moi, mais finalement elles ont été tout à fait gentilles. J'aurais dû leur dire depuis longtemps! Tu sais, maman, Debbie aime bien Ben, vraiment, je t'assure. Elle le trouve intéressant et elle a envie de revenir.

Chaque fois qu'elle entend parler de Debbie, maman prend un air détaché; elle la trouve prétentieuse et infernale, et pense qu'elle mériterait une bonne fessée. Maman ne comprend pas que le charme et la beauté exigent leur tribut.

J'étais si contente que je suis descendue en courant dans l'entrée et que je me suis mises à sauter en l'air, comme je le faisais quand j'étais petite, mais on ne saute plus ainsi en l'air quand on a quatorze ans. Ce qui ne m'a pas empêchée de pousser le store d'un violent coup de poing, au lieu de le toucher délicatement du bout des doigts. J'ai cru que maman se fâcherait, mais elle a ri.

– Tu as l'air heureuse ce soir, dit-elle. Cela m'a fait plaisir de te voir avec une de tes amies, comme avant ; cela faisait longtemps.

– Oui, dis-je, moi aussi je suis contente de te voir si jolie, maquillée et tout, comme avant. Cela faisait très longtemps.

– Je n'ai pas voulu te faire honte, dit maman. La prochaine fois que tu invites Debbie, préviens-moi.

Nous étions là, debout, souriant comme deux idiotes. Puis maman a dit :

– Viens, nous allons boire un thé.

– Pourquoi pas ?

Et puis nous avons pris toutes les deux le thé dans la cuisine et nous avons bavardé comme deux vieilles amies. Je ne m'étais jamais sentie l'égale de maman, comme une femme qui comprend les problèmes d'une autre femme, mais ce fut le cas cet après-midi-là.

Je me suis sentie alors très proche d'elle. Nous avons parlé de Ben qui apprenait à se mettre debout, et puis de papa, et de l'ennui de passer si souvent le week-end sans lui. J'ai dit à maman de me confier Ben tous les samedis. Elle pourrait ainsi aller faire les magasins et s'acheter de jolies choses. Elle me dit qu'elle prendrait rendez-vous pour moi chez le coiffeur, dans un nouveau salon de la rue principale pour qu'on me fasse une bonne coupe. Soudain elle a consulté sa montre.

– Mon Dieu ! Il faut que j'aille chercher Katy à la fête de son amie Tracey !

J'ai ri. Et puis j'ai dit :

– Je parie qu'elle a voulu mettre ses chaussures de gala pour aller en classe.

– Tu la connais, voyons, a répondu maman en riant.

Puis elle est sortie et j'ai lavé la vaisselle sans qu'elle me l'ait demandé, puis j'ai mis la table pour le dîner, et j'ai installé Ben devant la télé parce qu'il y avait de la musique pop et qu'il adore ça. Et j'ai eu soudain l'impression d'avoir vingt-cinq ans et d'être pleine de maturité, d'expérience, de sagesse.

DE L'ÉTÉ OÙ BEN EUT DEUX ANS, JE GARDE UN SOUVENIR BAIGNÉ DE LUMIÈRE ROSE, COMME CELLE DU SOLEIL COUCHANT. Etais-je vraiment si heureuse et si insouciante ? N'avais-je pas le moindre pressentiment de ce qui allait arriver ? J'ai eu du mal à le croire. C'était un de ces étés longs et chauds où les jours passent avec lenteur, où tout le monde se sent alangui, où personne ne vous pousse à mettre de l'ordre dans votre chambre, un de ces étés où rien n'est plus facile que de tomber amoureux. Pourtant tout avait plutôt mal commencé. Nous étions tous déprimés parce qu'il nous avait été impossible de partir en vacances. Katy harcelait sans cesse papa et maman pour qu'ils l'emmènent sur la Costa del Sol où se trouvait déjà son amie Tracey. C'était pour Katy le comble du raffinement et du modernisme. La Costa del Sol, rien qu'une semaine... J'aurais bien voulu y aller aussi, je l'avoue, mais j'avais préféré ne pas ennuyer nos parents avec ça. A la fin, j'ai entraîné Katy dans ma chambre pour lui parler sérieusement.

– Arrête de parler de vacances, lui ai-je dit. Tu nous vois dans l'avion, avec Ben ? De quoi nous aurions l'air, avec sa poussette, sur la promenade de Benidorm ? Tu le vois dans le restaurant d'un hôtel plein de monde ?

Elle avait tout compris. Katy est loin d'avoir l'esprit lent. Ce qui ne l'a pas empêchée de froncer les sourcils et de donner un coup de pied dans mon lit. Et comme le coup de pied avait été plus violent que prévu, elle s'est cogné l'orteil. Elle s'est mise à sautiller sur un pied, tout en se tenant l'autre.

– Ben ! dit-elle au bout d'un moment. Toujours Ben ! Maman ne veut pas m'emmener à la piscine, à cause de Ben. Je ne peux pas fêter mon anniversaire comme je veux parce que maman est fatiguée, à cause de Ben. Et maintenant nous ne pouvons même pas partir en vacances comme tout le monde. Il y a des moments où j'aimerais mieux...

– Qu'est-ce que vous aimeriez mieux, mademoiselle ? dis-je d'une voix dangereusement calme et menaçante.

Et, comme Katy savait mieux que quiconque que je l'aurais scalpée si elle n'avait pas adopté la prudence, elle répondit sur un ton maussade :

– Oh ! rien...

– Tu veux dire que nous ferions mieux de placer Ben dans une de ces sinistres institutions pleines d'infirmières sadiques, et puis partir pour en profiter, c'est ça ? lui demandai-je d'un air sarcastique.

Katy fit la moue.

– J'imagine que cela ne te ferait rien si Ben attrapait un rhume, sans personne qui se lève en pleine nuit pour le soigner, poursuivis-je, impitoyable.

Alors, soudain, Katy fit un bond et se tourna vers moi :

– Mais si, voyons, dit-elle. Ne sois pas si vache ! Je ne veux pas qu'il soit malheureux.

Elle sortit en trombe de ma chambre et je l'entendis descendre l'escalier à grand fracas pour gagner en courant le jardin où Ben était assis bien sagement au milieu de son parc, en train d'examiner une feuille tombée d'un arbre. Katy se mit à danser autour de lui en chantant : « *We all live in a yellow submarine...* »* de sa voix haut perchée et sans timbre. Ben se mit à battre des mains et à crier à sa façon. En effet Katy a une autre qualité. Son mauvais caractère cache un cœur d'or. Si vous avez de vrais ennuis, vous pouvez être sûr qu'elle vous soutiendra. Seulement voilà, il faut que vous ayez de vrais ennuis.

Je ne veux pas dire que je sois indifférente aux vacances. Bien sûr que non. Quand j'étais petite, mes parents louaient une maison de campagne au mois d'août, pour une quinzaine de jours. Une maison différente chaque année. Il n'y avait rien de plus

* Premier vers d'une célèbre chanson des Beatles.

agréable que de rouler en voiture, puis d'arriver, de descendre, d'explorer les lieux, de décider qui dormirait dans quelle chambre. Chacune de ces maisons avait son charme particulier. L'une d'entre elles, je m'en souviens, avait au fond du jardin un vieux pommier où l'on pouvait grimper. J'y ai passé des après-midi entiers, avec un coussin, une pomme et un livre. Une autre de ces maisons était voisine d'un champ avec des poneys que j'allais nourrir tous les matins. Je leur faisais brouter des poignées d'herbe en chuchotant des petits mots doux dans leurs oreilles délicates et frémissantes qui sentaient bon le cheval. Mais j'avais beau rêvasser, je savais parfaitement que cette année nous resterions à la maison.

Papa n'ignorait pas à quel point il était dur pour nous de voir nos amis partir. Un soir, j'ai surpris mes parents en pleine conversation. Je ne voulais pas me mêler de leurs affaires, mais ils étaient dans le jardin tandis que j'étais dans ma chambre, et comme ma fenêtre était ouverte, par une de ces nuits d'été très douces où les voix portent plus que d'habitude, j'ai tout entendu.

– Katy a été insupportable ce soir au coucher, a dit maman. Je ne comprends pas les sautes d'humeur de cette enfant.

– Elle a reçu une carte de Tracey ce matin, révéla papa. Une carte qui venait d'Espagne. Elle se sent frustrée, la pauvre petite.

C'est typique de papa et maman ! Elle est totalement dépourvue d'intuition et lui, au contraire, est très clairvoyant. Il y eut un silence, suivi d'un soupir de maman.

– Et nous ne pourrions pas... ? interrogea maman, avec hésitation.

– Bien sûr que non, rétorqua papa, avec l'autorité du chef de famille. Et d'ailleurs si quelqu'un a besoin de vacances, c'est toi. Les enfants ne viennent qu'après, pour le moment. Nous pourrions trouver une nurse pour quelques nuits. Et dans la journée je m'en occuperais. Je peux prendre une semaine de congé. Ils me doivent bien ça, après tout ce que j'ai fait ces derniers mois. Et toi, tu pourrais partir huit jours avec Janice ou avec ta mère.

– Non ! cria maman d'une voix un peu hystérique. Je ne peux pas l'abandonner ! Chaque fois que je m'absente, il va mal. Oh ! Peter, si seulement tu avais été là il y a un mois, quand il a attrapé froid. Ce n'était qu'un petit rhume de rien du tout, mais j'ai cru qu'il allait étouffer. Je ne sais pas comment je vais tenir le coup...

Et puis j'entendis maman qui pleurait, et papa qui déplaçait sa chaise ; il y eut des bruits sourds, alors j'ai fermé ma fenêtre pour ne pas continuer à les écouter malgré moi, car je n'avais aucune envie de les entendre s'embrasser et tout le reste. Les vieux qui s'embrassent, ça m'écœure plutôt.

Ils avaient dû parler assez longtemps parce que le lendemain, au petit déjeuner, papa avait toujours cet air de chef d'entreprise qu'il prend aux rares moments où il pense que les choses traînent un peu et que seul un homme peut les faire avancer. Il était sorti de bonne heure pour revenir avec des croissants, sans oublier le journal. Il porta son petit déjeuner à maman sur un plateau. Ben avait passé une nuit agitée, selon papa, et maman devait se reposer. Puis il a déployé son journal et fini par trouver la rubrique « Loisirs d'été pour les jeunes ».

– Ah ! dit-il en faisant glisser ses lunettes jusqu'au bout de son nez pour se donner un petit air intellectuel.

– Natation. Cours quotidiens de sauvetage et de plongée, pour enfants de cinq à onze ans.

– C'est complet, papa. Maman leur a téléphoné la semaine dernière, dit Katy.

Elle était de très mauvaise humeur, prête à refuser d'aller prendre le thé au palais de Buckingham si elle avait été invitée.

– Equitation, poursuivit papa.

Les yeux de Katy brillèrent. Ça l'intéressait. Mais papa ne tarda pas à voir les prix au bas de la colonne.

– Réflexion faite, ce n'est pas bon, dit-il. L'équitation élargit les hanches, et fait grossir, à vos âges.

Et papa se dépêcha de changer de paragraphe.

– Culture physique...

– Papa ?

Il leva les yeux. Et puis il sourit.

– D'accord, d'accord ! j'ai compris.

Une annonce figurant à la page suivante venait d'attirer son regard.

– A vendre : Robe de mariée, taille 40, jamais portée, vingt-cinq livres seulement. Mmm... Ils ont dû se bagarrer à la dernière minute. Est-ce qu'ils vendent aussi le gâteau ?

Voyant que papa pensait à autre chose et que j'aurais du mal à le ramener à ce qui nous intéressait, je lui pris le journal des mains.

– Qu'est-ce qui t'arrrive ?

Mais j'avais déjà trouvé ce que je cherchais : « Cours de tennis, deux heures par jour, par des professionnels, quelques places sont encore disponibles ».

– Ça y est, dis-je, triomphante. Voilà ce que j'ai envie de faire.

Je n'avais osé parler à personne de l'ambition que je nourrissais depuis le mois de juin passé à suivre le tournoi de Wimbledon. Mais ce n'était pas tout. Vers la fin de l'année scolaire, je m'étais montrée particulièrement brillante au tennis. Mes prouesses avaient étonné tout le monde, même Debbie. Lors de la toute dernière leçon, avant les vacances, j'avais fait un double avec Miranda contre Mlle Winter et Sandra. Et j'avais alors épaté tout le monde par la précision de mon jeu. Les éloges pleuvant sur moi furent si doux – mon amour désespéré pour Mlle Winter n'était plus qu'un souvenir, cultivé cependant avec ferveur – et ce fut si délicieux de recevoir toutes ces petites tapes sur l'épaule au moment où je quittais modestement le court que je décidai de me perfectionner un peu, pour faire carrément sensation l'été suivant.

Papa était enchanté. Il avait ainsi résolu le problème de mes loisirs d'été. Il fallait trouver une solution pour Katy. Il paraissait très content d'être si bien organisé et si débrouillard.

Mais il avait sous-estimé Katy. Une demi-heure plus tard, papa et moi étions complètement découragés. Katy avait rejeté dans l'ordre un atelier d'art dramatique, un cours de danse classique, une semaine multi-sports et un club nautique pour juniors. Elle avait refusé d'aller chez mamie, tante Janice ou les Watson qui avaient été nos voisins mais qui ne l'étaient plus depuis un an. Puisqu'elle ne pouvait pas aller à Benidorm comme son amie Tracey, elle ne sortirait pas de la maison, elle resterait là à bouder, mais oui, et tant pis pour nous si ça ne nous plaisait pas. Elle avait complètement oublié notre petite conversation de la veille. C'est ça l'ennui avec les jeunes enfants, ils ne supportent rien et quand ils ont une idée en tête, ils n'en démordent pas : aucun argument ne peut les faire changer d'avis.

– Très bien, dit enfin papa. J'abandonne. Leçons de tennis pour l'une, bouderies pour l'autre. Si Katy veut rester à la maison, tant mieux, elle peut toujours se rendre utile, en gardant Ben par exemple.

A ces mots, Katy ne put dissimuler toute son inquiétude.

– Je vais téléphoner à ton école de tennis, Rosanna, dit papa, pour prendre rendez-vous.

Il mit un long moment à rassembler les feuilles éparpillées de son journal, pour voir si Katy changerait d'avis : il lui laissait une chance. C'était très astucieux car elle finit par céder :

– Après tout, moi aussi je pourrais faire un peu de tennis.

Je soupirai. Elle voulait faire la même chose que moi. C'était bien elle. Il me faudrait la traîner derrière moi tous les jours, elle me priverait de mes moyens, elle m'empêcherait de parler aux gens, ce serait une vraie calamité, quoi ! J'étais si irritée que j'ai claqué la porte en sortant, pas assez fort pour me faire enguirlander, mais assez pour laisser deviner à toute personne douée de sensibilité quel était mon état d'esprit. Je savais bien qu'il était préférable de ne pas protester. J'avais Katy sur le dos, autant l'accepter. Et puis, à vrai dire, une fois un peu calmée, je pensai que ce n'était pas une si mauvaise idée. Katy pourrait éventuellement me rendre service. Il ne serait sans doute pas facile de toujours trouver des partenaires. Si Katy apprenait à faire passer une balle par-dessus le filet, je pourrais m'exercer à la rabattre en smash. Elle ne s'en plaindrait pas, au moins. C'était mieux que rien. Pas beaucoup mieux, mais quand même... Je décidai aussitôt de redescendre pour dire que c'était le vent qui avait claqué la porte, et aussi pour demander un peu d'argent à papa parce qu'il me fallait absolument de nouvelles chaussures et une nouvelle raquette. Après tout, il devait être tellement content d'avoir si vite résolu le problème de nos loisirs qu'il m'offrirait spontanément des accessoires dignes d'une star de Wimbledon. Cela valait le coup d'essayer.

C'est ainsi qu'a commencé ce bel été, plein d'insouciance.

Le dernier de ma jeunesse libre.

Pour être absolument honnête, je dois dire que ce n'était pas seulement la pratique du tennis qui m'avait attirée là-bas, vers les courts. C'était aussi le snack-bar de Ted. Les courts de tennis occupaient une partie du terrain de loisirs comprenant aussi une pelouse bordée de quelques arbres et un terrain de jeux avec tas de sable et balançoires. Entre les balançoires et les courts se trouvait une espèce de buffet en plein air – une simple cabane, à vrai dire – où un bonhomme prénommé Ted vendait du thé, du café et des glaces, et d'où l'on voyait ce qui se passait sur les courts. On pouvait même s'amuser à monter sur les balançoires – réservées en principe aux moins de quatorze ans – quand le gardien n'était pas là. Notre ami Ted n'y voyait rien à redire. Plongé dans son journal, il ne levait la tête qu'aux moments où quelqu'un se présentait pour glisser quelques pièces dans son tiroir-caisse rouillé. Voilà le décor où j'ai passé mes vacances, cet été-là. Miranda y venait pratiquement tout le temps depuis la fin de l'année scolaire. Elle faisait des apparitions très remarquées, pour disparaître peu après derrière un arbre en compagnie d'un garçon interchangeable. Je ne désirais pas vraiment être comme Miranda, mais j'étais curieuse de voir comment ça se passait. Depuis le jour où Debbie était venue à la maison avec moi, ma vie avait vraiment changé. Maman avait commencé à faire attention à moi pour la première fois depuis bien longtemps.

Elle avait paru se rendre enfin compte que je n'avais plus dix ans. Elle s'était même préoccupée de mon apparence, en me faisant porter des lentilles de contact et en m'envoyant chez un coiffeur très chic qui m'avait recommandé un shampooing spécial pour cheveux gras qui se révéla efficace. J'avais encore des boutons, mais beaucoup moins qu'avant. J'ose affirmer que je me trouvais plutôt bien. Même Debbie avait remarqué ce changement.

– Ce n'est pas que tu sois vraiment jolie, m'avait-elle dit en fronçant son nez parfait tandis que j'attendais son verdict avec anxiété, mais tu as trouvé ton style. C'est comme s'il y avait en toi de l'électricité, quelque chose qui émet un éclair de temps en temps, et cela te donne une sorte de rayonnement. C'est super!

Naturellement Emma, qui avait mal supporté que Debbie me fasse des compliments, s'exprima aussitôt à sa façon, avec un gloussement terriblement idiot:

– Nous ferions mieux de t'éviter, alors. Tu risques de nous électrocuter avec tes espèces d'éclairs.

Debbie n'a pas ri, mais elle s'est laissé entraîner par Emma. Je pense qu'elle est trop paresseuse pour lui résister.

Les premiers jours furent plutôt calmes. Il y avait peu de monde sur le terrain, et même Miranda était invisible. Mais le jeudi après-midi, soudain, il y eut foule; par bonheur, j'étais en pleine forme. Grâce à l'inhabituelle générosité de papa, je pus m'offrir les meilleures chaussures du monde et une très jolie tenue de tennis. Je lui avais laissé entendre que ça lui coûterait bien moins cher que de nous emmener sur la Costa del Sol, et il avait parfaitement compris l'allusion. Je commençais alors à porter mes lentilles mais je ne pouvais pas les garder plus de quatre heures par jour, sinon elles m'arrachaient les yeux.

A la fin de chaque leçon, Terry – mon prof de tennis – et moi faisions encore quelques sets quand, au beau milieu d'un service, je vis arriver Miranda et toute sa bande. Je loupai mon service, horrifiée à l'idée qu'on puisse voir mes poils si je levais le bras trop haut et fis toutes sortes de contorsions (j'ai même failli me luxer l'épaule en baissant ma raquette pour envoyer la balle). Terry émit un grognement suivi d'un cri admiratif parce que, je ne sais trop comment, ma balle partie en smash l'obligea à baisser la tête pour éviter une mort certaine.

– Bravo ! Anna, dit-il en grattant son poitrail velu offert à tous les regards grâce à son polo déboutonné.

Terry était plutôt du genre mal élevé, mais c'était un formidable entraîneur. Avec lui, le tennis était un jeu d'enfant.

Je vis Miranda tourner la tête en entendant mon nom. Et, comme le soleil brillait très fort, elle dut plisser les yeux pour distinguer au travers de sa tignasse si c'était bien moi. Pendant ce temps, Katy faisait des tours et des tours de manège en attendant la fin de ma leçon. Et c'est elle qui finit par crier :

– Salut, Miranda !

Miranda la reconnut alors et comprit qu'il s'agissait de moi.

Miranda court après les garçons, c'est bien connu ; mais elle ne snobe pas les filles pour autant. C'est une bonne copine, elle est même très sociable, un peu trop sociable, et c'est bien là le problème, selon maman. Toujours est-il qu'elle laissa tomber le garçon qui avait un bras autour de son cou pour venir m'encourager à travers le grillage. Elle tenait une raquette.

– Tu viens jouer ? lui dis-je.

– Ouais. Nous allons faire un double.

– Qui ça, nous ?

– Joe et moi contre Barny et Tony.

Il fallut que j'interrompe notre conversation car Terry, qui était en train de me faire travailler mon revers, me bombardait littéralement de balles. Mais je pus quand même apercevoir les partenaires de Miranda. Je connaissais vaguement Joe et Barny que j'avais vus dans un club de jeunes où je n'allais plus depuis longtemps mais je ne parvins pas à identifier le troisième garçon. Curieusement, il a tout de suite accroché mon regard, bien que je ne l'aie aperçu que du coin de l'œil. Il avait une démarche de félin, pleine d'élégance, et qui laissait supposer des forces insoupçonnées, prêtes à se manifester. Puis Terry a voulu que nous changions de côté car le soleil l'éblouissait et j'étais, d'après lui, assez jeune pour mieux le supporter. Je passai donc de l'autre côté du filet, plus près du court de Miranda, ce qui me permit de mieux voir ce qui s'y passait.

J'ai remarqué quelque chose de très intéressant quant aux premières impressions. Quand je vois quelqu'un pour la première fois, j'ai une sorte de révélation, c'est comme si je savais exactement qui il est, avant même de lui avoir parlé ou quoi que ce soit. Plus tard, quand je le connais un peu mieux, tout change, et je le vois d'une façon différente. Mais par la suite, quand je le connais vraiment bien, je m'aperçois alors que ma première impression était plus juste et meilleure que la seconde.

C'est ce qui m'est arrivé avec Tony. Je le vois maintenant comme je l'ai aperçu la première fois, comme si j'avais sa photo dans ma tête. Un peu à l'écart des trois autres, il les écoutait, sans sourire, l'air plutôt lointain. Ses cheveux noirs tombaient lourdement sur son front, son regard direct était d'un noir brillant sous de longs cils qui faisaient paraître ses yeux encore plus grands. Sa bouche aux coins un peu tombants lui donnait un petit air moqueur, ou peut-être malheureux.

Miranda était visiblement attirée par lui. Elle semblait fuir le contact de Joe, avec qui elle s'était exhibée un peu partout ces dernières semaines, pour chercher la compagnie de Tony qui, lui, semblait vouloir garder ses distances, sans la moindre muflerie, mais d'une façon presque trop courtoise, l'air digne; intouchable, bien au-dessus des gens et des choses. Mais j'avais vu tout de suite qu'il n'était pas aussi froid, aussi lointain qu'il paraissait. J'avais deviné en lui un être intense, solitaire et secret. Je dis des banalités, je le sais. Mais il m'arrive de penser que les choses les plus banales sont souvent les plus exactes.

Ils se mirent à jouer au moment où j'avais presque fini. Ils n'étaient pas très bons. Sauf Tony, qui avait une sorte de grâce innée, mais qui ne semblait pas avoir pratiqué beaucoup le tennis. A un moment, alors qu'il attendait que Barny prenne le service de Joe, je m'aperçus qu'il me regardait. Je venais de faire un arrêt spectaculaire depuis le filet. Puis Terry déclencha un véritable feu d'artifice en me faisant renvoyer balle sur balle à la volée. Je manquai la dernière qui alla heurter la grille séparant nos deux courts. Je courus si vite pour l'attraper que je la heurtai à mon tour mais, par bonheur, à l'instant même, Tony était en train de récupérer une balle au même endroit, de l'autre côté de la grille.

Nous nous sommes retrouvés à quelques centimètres l'un de l'autre. Il se peut que j'aie alors émis un de mes fameux éclairs électriques car une sorte de petite étincelle brilla dans ses yeux bruns, en réponse. Puis il baissa les paupières pour dire : « Pardon ! » Je me suis bien demandé pourquoi car nous ne nous étions même pas bousculés. Il reprit alors sa place sur le court.

C'était peu de chose, pour une première rencontre. Mais c'était assez pour faire céder mes pauvres défenses qui, lorsque je deviens amoureuse, sont tout à fait inutiles. Alors je me dis à quel point j'étais nulle, vraiment la reine des imbéciles. Tony était sans doute le garçon le plus séduisant que j'avais jamais vu.

Et avec toutes les Miranda du monde qui devaient lui tourner autour, je n'avais pas la moindre chance de lui plaire.

Nous avions pris l'habitude, Katy et moi, de manger une glace chez Ted à la fin de ma leçon, avant de rentrer; mais ce jour-là je ne pus m'y résoudre. Tout en feignant d'écouter les bons conseils habituels de Terry, je cherchai un prétexte pour ne pas rentrer tout de suite. En fait je n'eus pas trop à me tracasser; Katy vint à mon secours. Elle marchait vers le filet avec assurance et criait :

– Hé ! Miranda ! Tu veux que je vienne ramasser tes balles ?

– Bien sûr, répondit Miranda.

Puis Katy est venue vers moi.

– Tu es d'accord, Annie ?

– Oui, c'est d'accord, dis-je d'un air aussi détaché que possible.

Je commandai un Coca à Ted et m'assis sur une balançoire, mon bon profil droit tourné vers les courts, puisque j'ai la raie à gauche. Je dus rester là au moins une demi-heure. Cela ne m'arrive jamais de rester quelque part sans rien faire. Même quand je vais aux toilettes, j'emporte de la lecture. J'ai toujours un livre sous la main. C'est fou mais c'est comme ça. Ce jour-là, j'aurais pu rester là éternellement. C'était un peu à cause du soleil qui filtrait au travers des arbres et qui baignait d'une lumière veloutée tout le terrain, si laid et si ennuyeux d'habitude, le métamorphosant en un véritable parc de château. Mais c'était aussi l'effet hypnotique de la balançoire qui me murmurait une sorte de berceuse en soulevant imperceptiblement mes cheveux à chaque mouvement. Bien sûr, c'était la présence de Tony qui me retenait ici jusqu'à la fin du match.

J'imaginais, et c'était un rêve délicieux, que j'étais une belle comtesse qui prenait le thé sous un grand orme vert, au milieu de la pelouse, et qu'un serviteur venait m'apporter le thé sur un plateau, qu'il posait sur une table toute blanche dans le style italien, quand tout à coup Katy me tira de mes rêveries en hurlant : « Maman ! » Elle quitta le court pour courir à la rencontre de maman qui traversait la pelouse, précédée par la poussette de Ben.

J'arrêtai la balançoire. Je n'avais pas du tout pensé à Ben cet après-midi-là. Je ne m'inquiétais pas pour Barny et Joe. Quant à Miranda, elle avait déjà vu Ben plus d'une fois. Je l'avais même emmené un jour à l'école. Spenda devait nous faire un cours sur les enfants handicapés, et Ben avait fait la connaissance de tous mes camarades de classe. Il avait eu un succès fou, et il était devenu une sorte de mascotte. Toutes les filles lui ont tricoté des gilets, c'est incroyable ! Mais c'est la réaction de Tony qui m'inquiétait. Ils quittèrent le court au moment même où maman arrivait près des balançoires.

Ben avait l'air agité.

– Il a vu une petite fille en train de manger une glace, dit maman. Veux-tu aller lui en chercher une, Anna ?

Elle me donna de l'argent, et je courus chez Ted, qui posa son journal pour fouiller dans son congélateur, à la recherche du cornet préféré de Ben qui, lui, pleurait tout son saoul. Je lui donnai sa glace après avoir enlevé l'emballage, puis je cherchai Tony du regard. Il était parti ! Je le vis alors de dos, qui descendait en courant le chemin menant à l'arrêt du bus.

CELA ME FIT TOUT DRÔLE DE RETOURNER À L'ÉCOLE APRÈS CET ÉTÉ-LÀ. LA COMPOSITION DES CLASSES AVAIT CHANGÉ. Je me sentis un peu perdue pendant les premières semaines, à cause de tous ces nouveaux visages inconnus. Quand on a passé des années et des années avec les mêmes gens et que, soudain, il en manque la moitié, on a une impression très bizarre. Cela ressemble un peu à un déménagement ou à quelque chose comme ça.

Cependant, Debbie et Emma étaient toujours dans ma classe, et Miranda aussi. Elles avaient choisi lettres, tout comme moi, mais Vicky et Gloria, ainsi que Sandra et toutes ses amies, considérablement intelligentes, étaient maintenant dans une classe scientifique. Je ne me suis jamais très bien entendue avec ces filles; elles étaient trop douées. Mais elles valaient mieux que celles qui les remplaçaient. Je les trouvais complètement stupides, celles-là, surtout Karen et Bella, que je ne pouvais m'empêcher de mépriser. Je sais que ce n'est pas bien d'afficher une supériorité intellectuelle, mais ces filles ne semblaient pas avoir plus de neuf ans d'âge mental, qu'elles n'avaient d'ailleurs pas dû dépasser. Elles étaient lamentables en anglais, nulles en littérature tandis que moi j'adorais lire Keats le soir dans mon lit et j'apprenais par cœur certains de ses poèmes. Je trouvais terrible que ce poète soit mort si jeune. J'essayais parfois moi-même d'écrire des poèmes, je les laissais en évidence sur ma table, dans l'espoir que maman les lirait et me dirait ensuite qu'ils étaient géniaux. Mais quand elle venait faire ma chambre, elle se contentait de tout ranger en un petit tas, sans rien remarquer.

Nous avions un nouveau professeur d'anglais, Mme Hamilton. Ses cheveux étaient blancs, mais coupés à la mode, on lui aurait donné à peu près dix-huit ans ! Elle avait l'air intelligent, et en quelque sorte intemporel. J'aurais bien aimé que maman s'inspire de sa façon de s'habiller. Il me semblait que même à quarante ans je n'aurais pas vieilli du tout, que je me souviendrais parfaitement de ce que c'est que d'avoir quinze ans, et que j'aurais une sympathie particulière pour les filles pas très jolies. Je m'en fis en tout cas la promesse.

Mme Hamilton n'était pas seulement agréable à regarder, elle avait aussi ses bizarreries. Elle marchait de long en large, et lançait les mains en l'air avec des gestes brusques qui faisaient cliqueter ses innombrables bracelets en or. Mais dès qu'elle abordait un sujet un peu scabreux, Karen et Bella se mettaient à glousser comme deux idiotes. Mme Hamilton supporta cela pendant une quinzaine de jours, puis elle réagit non sans violence. Nous étudiions les poètes du XVIIe siècle, et elle nous lisait un texte d'Andrew Marvell.

Cent ans pour chanter les louanges

De tes grands yeux, de ton front d'ange...

Les bracelets se mirent alors à cliqueter. Karen ouvrit de grands yeux dirigés sur le front d'ange de Bella, puis Bella baissa la tête vers le banc, en arrondissant les épaules. Tout en lisant, Mme Hamilton s'était dirigée vers le fond de la classe, puis, en se retournant, elle fit froufrouter sa longue jupe ample.

Deux cents ans pour adorer chacun

De tes seins divins...

Les mots sonnaient bien mais en entendant « seins », Bella ne put se retenir et éclata de rire. Mme Hamilton devait s'y attendre car ce n'était pas uniquement par hasard qu'elle s'était arrêtée juste derrière Bella.

– Levez-vous ! dit-elle d'une voix autoritaire.

Elle avait parlé de façon si forte et si soudaine que Bella cessa de rire aussitôt.

– Levez la tête, Bella, dit Mme Hamilton. Je veux que tout le monde vous voie. Et maintenant, pouvez-vous me dire votre âge ?

– Quinze ans, dit Bella, d'un air maussade.

– Vraiment ? s'étonna Mme Hamilton. Je pensais que vous en aviez douze et que vous étiez ici par erreur.

Son ton était terriblement sarcastique. Je suis sûre qu'elle aurait souhaité faire du théâtre si ses parents ne lui avaient pas dit que ce n'était pas un métier sérieux et qu'il valait mieux passer un diplôme d'enseignement. Quelle perte pour le théâtre ! La pauvre Bella s'empourprait.

– On ne vous a donc pas expliqué les choses de la vie ? reprit Mme Hamilton d'une voix toute douce maintenant, doucereuse, perfide et même un peu sadique, si vous voyez ce que je veux dire.

– Mais si, madame, dit Bella.

– Ah ? dit Mme Hamilton. Je croyais que vous tiriez tout votre savoir de la presse pour midinettes, ou du ruisseau, que sais-je ? J'aurai un mot à dire à la personne qui s'occupe de l'éducation sexuelle dans votre classe. Qui est-ce, Bella ?

Bella marmonna.

– Vous en avez fini avec votre éducation sexuelle ? Peut-être pourrions-nous prévoir quelques cours supplémentaires spécialement pour vous ?

Tout en parlant, elle promenait son regard sur toute la classe, comme si elle s'attendait à ce que nous applaudissions et à ce que nous soyons d'accord avec elle contre Bella. Je pensais qu'elle dépassait les bornes. C'est une chose de réprimander quelqu'un, mais ce n'est pas une raison pour impliquer tous les autres. Tout le monde se sentait mal à l'aise et fuyait son regard. Mme Hamilton le sentit et, comme toutes les grandes actrices, elle savait comment reconquérir son auditoire. Elle cessa de regarder alentour et d'un ton plus détaché et légèrement ironique elle dit :

– Voyez-vous, Bella, je pense qu'à l'avenir il faudra peut-être vous prévenir chaque fois qu'il y aura un peu d'érotisme dans nos lectures, et vous pourrez alors retourner à l'école primaire pour un moment.

Bella ne répliqua pas. Son visage était cramoisi, elle ne savait plus où se mettre.

– Mais, réflexion faite, vous avez peut-être envie de nous prouver que vous n'êtes plus tout à fait un bébé, ajouta Mme Hamilton en reprenant sa jolie voix animée, comme pour atténuer ce qu'elle venait de dire. Vous pouvez vous asseoir maintenant, petite sotte, et que cela ne se reproduise plus.

Naturellement, cela ne s'est plus reproduit.

Au bout d'une quinzaine de jours, on put constater une légère amélioration. Au moindre propos « osé », Karen s'agitait sur son banc. Mme Hamilton s'interrompait alors un instant pour incliner la tête de façon interrogative et lui lancer un regard. Aussitôt, le sourire entendu de Bella se figeait sur ses lèvres et son ricanement s'étouffait dans sa gorge. Vers la fin du semestre, Mme Hamilton pouvait nous réciter ce qu'elle voulait, nous l'écoutions toutes, transportées.

J'avais pensé que Miranda serait parmi celles qui gloussaient, mais je m'étais trompée. Depuis la fin des vacances, elle avait changé à son avantage, si bien que nous sommes devenues très bonnes amies. Quelques mois plus tôt, ses parents s'étaient séparés. Sa mère était partie avec un autre, puis Miranda et son père avaient déménagé et étaient venus habiter tout près de chez nous. Miranda ne parlait pas beaucoup de ses parents. Elle m'a simplement dit que sa vie était devenue plus facile car, avant leur séparation, ses parents avaient souvent de violentes querelles, surtout la nuit, et comme leur appartement était très petit, elle entendait le moindre bruit; de toute façon il lui semblait que sa mère ne l'avait jamais beaucoup aimée. Désormais sa vie était devenue plus paisible.

Je n'avais jamais imaginé que maman et papa puissent se séparer. Bien sûr, il leur arrivait de se disputer. En fait c'était même devenu un peu plus fréquent ces derniers temps. Ils semblaient même avoir été très heureux jusqu'à la naissance de Ben, qui avait beaucoup fatigué maman. Et puis il y avait eu les fréquentes absences de papa. Mais je n'avais jamais pensé qu'ils ne s'entendaient plus du tout.

Presque tous les jours, Miranda et moi revenions ensemble de l'école. Souvent il fallait attendre le bus, puis faire un assez long chemin à pied, ce qui nous permettait de bavarder longuement. J'étais fascinée par les histoires familiales de Miranda, dont certaines me paraissaient peu croyables, mais elle avait l'air de s'intéresser tout autant à celles que je lui racontais.

– Ta maman n'a jamais essayé de mettre Ben dans un établissement spécialisé ? me demanda-t-elle un jour, alors que nous remontions la rue en trimbalant nos gros sacs pleins de devoirs que Mme Hamilton nous avait donnés à faire.

– Bien sûr que non, dis-je, indignée. Maman a été bouleversée et certainement déçue quand il est né, mais maintenant elle l'adore. Certains le feraient, je le sais. Et toi, si tu avais un enfant comme ça, tu le mettrais dans un établissement spécialisé ?

Miranda était devenue une inconditionnelle de Ben. Et cela n'avait rien à voir avec la curiosité purement intellectuelle que lui portait Debbie. Miranda aimait câliner Ben, lui donner toutes sortes de noms idiots, et lui parler bébé. Un enfant normal de deux ans l'aurait très mal pris, mais Ben adorait.

– Ma mère ne l'aurait même pas ramené de l'hôpital, ajouta Miranda.

– Mais si, elle l'aurait ramené, dis-je un peu distraitement.

J'avais vu de loin un garçon avancer vers nous et qui me rappelait Tony. Je le suivis des yeux jusqu'à ce qu'il se dirige vers une rue latérale. Mais quand je vis son visage, je me rendis compte que ce n'était pas lui. Cela m'arrivait à peu près cent fois par semaine, ce qui n'était pas dans mes habitudes.

– Non, répondit Miranda, je suis sûre que non. Elle n'a jamais voulu d'enfant. Tu ne vas pas me croire : elle a essayé d'avorter quand elle m'attendait, mais ça n'a pas marché.

– Quoi ? m'écriai-je, sa réponse m'ayant ramenée à la réalité. Comment le sais-tu ?

– Elle me l'a dit un jour qu'elle était particulièrement de mauvaise humeur. Ensuite, elle a regretté et m'a dit que ce n'était pas vrai, mais je savais que c'était la réalité. Je sentais que c'était ainsi.

Miranda haussa les épaules comme si tout cela avait été sans importance, mais une immense tristesse se lisait sur son visage.

– Mon Dieu !

Que pouvais-je dire d'autre ? Sa propre mère avait essayé de se débarrasser d'elle avant sa naissance !

– Mais elle a dû t'aimer malgré tout, une fois qu'elle t'a vue, dis-je, sans grande conviction.

– Pas vraiment. Elle a fait ce qu'il fallait faire, j'imagine, mais jamais rien de plus. Ce n'est pas comme ta maman. Elle t'aime vraiment. Et puis, de toute façon...

Elle désirait changer de sujet, c'était évident.

– Cela ne me fait plus rien. Je suis assez grande maintenant. Je n'ai plus besoin de parents, je me débrouille sans eux. Je ne veux pas leur ressembler. J'ai envie d'avoir beaucoup de bébés, et je les aimerai tous.

– Oui, dis-je, mais il ne faut pas commettre l'erreur d'en avoir trop tôt.

Je n'avais pas eu l'intention d'être méchante, mais ces propos étaient mal venus. Dans l'instant qui suivit, craignant de l'avoir offensée j'ai cherché désespérément un mot gentil, mais une des qualités de Miranda était de ne pratiquement jamais se vexer. Cela venait peut-être de son enfance difficile. Elle en avait sans doute vu de toutes les couleurs, et un petit mot de travers ne lui faisait plus ni chaud ni froid. Elle se contenta de rire.

– Je sais ce que je fais, dit-elle. Je prends des précautions.

Je mourais de curiosité.

– Tu veux dire que tu prends la pilule ? Alors tu as vraiment des... je veux dire, tu fais...

J'aurais voulu lui demander si elle était allée jusqu'au bout mais je ne pus rien ajouter. Miranda rit, puis me serra le bras.

– Tu as encore beaucoup de choses à apprendre, Pea ! dit-elle.

Ce n'est qu'après coup que je me rendis compte qu'elle n'avait pas répondu à ma question.

– Comment ça se passe ? dis-je, avide d'en savoir plus.

Miranda hésita un instant.

– C'est... c'est douillet.

J'attendais qu'elle continue.

– Quand quelqu'un vous tient dans ses bras et qu'on est blotti tout contre lui, on se sent bien au chaud et c'est comme s'il vous aimait. En fait je sais bien que ce n'est pas vrai. Ils sont tous pareils, les garçons. Tout ce qui les intéresse, c'est une expérience de plus et voilà tout. Mais cela ne me dérange pas que ce soit comme ça. A vrai dire, c'est plutôt ennuyeux, surestimé, si tu veux. Je ne sais pas pourquoi on fait tant de bruit autour. Mais c'est si agréable, un garçon qui vous tient dans ses bras et qui vous dit que vous êtes jolie et qui vous fait plein de caresses et tout. Je n'en demande pas plus. C'est ce que j'aime.

On peut dire ce qu'on veut de Miranda mais c'est une fille qui ne triche pas. De retour à la maison j'ai pensé à ce qu'elle m'avait dit. Maintenant il me semblait comprendre. Toute sa vie elle avait eu soif d'amour et maintenant elle pouvait l'obtenir. C'était de l'amour malgré tout. C'était un peu comme un enfant qui entre dans une confiserie pour se bourrer de sucreries. J'avais pris Miranda pour une personne mûre, plutôt sophistiquée mais, tout à coup, je ne voyais plus en elle qu'une petite fille qui a besoin de câlins. J'eus alors la certitude que je n'avais plus à me faire de souci pour elle, ou plutôt pour moi qui n'avais pas eu ces expériences et qui me sentais idiote, infantile et un peu demeurée. Pour moi, ce serait différent. Ce serait la grande passion, sauvage et romantique, comme dans *Les Hauts de Hurlevent.* Je ne m'ennuierais pas, de cela j'étais sûre.

J'arrivai à la maison en même temps que maman qui rentrait des courses, avec Ben et Katy. J'aime bien les jours où elle va au supermarché parce qu'elle s'arrête toujours chez le pâtissier pour acheter quelque chose de bien onctueux et de très sucré pour le thé. Ce jour-là, elle avait pris des beignets.

– Il faut croire que je suis folle, dit maman en souriant tendrement à Ben qui, adossé à un coussin près de la table, était en train de se barbouiller le visage de sucre et de confiture, tout en écrasant des bouts de beignet sur le tapis.

– Pour qui est l'extra ? demanda Katy, avec un regard avide.

Elle est d'une gourmandise et ne semble pas du tout en pâtir ! « C'est une vraie petite fée », a dit un jour papa qui n'était certainement pas dans son état normal. En plus elle n'a jamais eu un seul bouton. Je ne serais pourtant pas mécontente que ça lui arrive aussi.

– J'ai pensé que Miranda serait ici également, dit maman, elle aime bien venir après l'école.

Mais je savais qu'elle était très contente que je sois seule, car elle n'aimait pas Miranda, pas plus d'ailleurs qu'elle n'aimait Debbie. Elle pensait qu'elle avait une influence néfaste sur moi, ce qui me démoralisait. Elle aurait dû mieux me connaître et me faire davantage confiance. Comme si je me jetais sur n'importe qui ! J'en étais d'autant plus irritée que désormais je connaissais mieux Miranda et je savais qu'elle avait besoin d'affection et de gentillesse. Maman aurait dû le comprendre, et ne pas la rejeter.

– Qu'est-ce que tu reproches à Miranda ? laissai-je échapper tout en sachant que j'étais injuste car maman ne répondit rien. Je veux dire, tu ne la connais même pas. Elle a eu une enfance terrible, et maintenant encore, tout le monde la traite comme n'importe quoi. Elle a un grand besoin d'amitié.

Maman semblait interloquée.

– Tu es quelqu'un de très loyal, Annie, sais-tu ?

L'espace d'un instant, j'eus l'impression qu'elle se moquait de moi. Je savais que ce n'était pas le cas mais je m'écriai :

– Tu es si intolérante ! Tu penses que les gens du peuple sont moins bien que ceux des bonnes banlieues bourgeoises comme toi !

Katy avait entrepris de défaire les paquets de maman et avait pris un petit air entendu qui me révoltait. Maman était parfaitement calme et réfléchie.

– Ne t'emporte pas comme ça, ma chérie ! Je ne tiens pas à ce que tu prennes les mauvaises habitudes de Miranda, c'est tout.

Je savais qu'elle essayait d'être gentille mais ce n'est pas facile de descendre de ses grands chevaux une fois qu'on les a enfourchés.

– Qu'en sais-tu ? Et si mes bons côtés avaient de l'influence sur Miranda, comme ma loyauté, par exemple, répliquai-je sur un ton acerbe.

Puis je sortis, sans claquer la porte, pour bien montrer à maman que je n'étais pas vraiment fâchée. Aucune allusion ne fut faite à Miranda durant le dîner mais j'avais pris une décision, une vraie, entre la poire et le fromage. Si un jour je tombais amoureuse, si j'avais un vrai amoureux, je ne le ferais jamais venir à la maison. Ça lui apprendrait à maman à être aussi désagréable vis-à-vis de mes amis. C'est ainsi que je me mis à penser tout naturellement à Tony, et je ne pus guère me concentrer sur autre chose pendant le reste de la soirée. Plus tard, après avoir vu une émission comique à la télé, et Katy étant déjà au lit, maman souhaita me montrer à quel point elle était tolérante en me suggérant d'inviter Miranda à venir garder Ben le samedi soir, tandis qu'elle et papa seraient chez tante Janice.

Ainsi, elle était quitte. Maman devait se dire que Miranda n'était pas du genre à être libre un samedi soir. Et pourtant quand je retrouvai cette dernière à l'arrêt du bus, le lendemain matin, elle accepta mon invitation avec joie et se montra même tout à fait enthousiaste à l'idée de passer la soirée à bavarder avec moi et à câliner Ben, d'autant plus qu'elle traversait une période sans garçons. Maman pouvait-elle s'attendre à cela ? Quant à Miranda, elle n'ignorait pas ce qu'était la loyauté ! Je n'en dis rien à maman, mais je fus vraiment très étonnée que Miranda accepte de venir un samedi. Cela ne lui ressemblait pas du tout. On la disait incapable de passer un samedi soir sans une compagnie masculine depuis l'âge de douze ans. C'est à cette époque que Kevin Gallagher l'avait emmenée à une surboum. Elle avait pas mal bu, et Simon Petty l'avait embrassée sur la bouche ; le lundi suivant, elle nous avait tout raconté au vestiaire, avec tous les détails, tandis que nos yeux s'ouvraient tout grands. Depuis lors les samedis soirs de Miranda étaient devenus notre principal divertissement du lundi matin.

Quand je lui ouvris la porte, les petits étaient déjà au lit et mes parents étaient sortis. Miranda était méconnaissable. Elle n'était pas maquillée, et paraissait beaucoup plus jeune, plutôt inoffensive et même assez vulnérable. J'ai failli lui dire : « Tu es enceinte ou quoi ? » mais je me réfrénai. Elle entra, enleva aussitôt ses chaussures, puis s'allongea sur le canapé.

– Je suis crevée, dit-elle. Je ne suis rentrée qu'à 4 heures ce matin. C'était la boum de Gary Fletcher.

– Et qu'a dit ton père ? Le mien pique une crise quand je rentre tard.

– Papa ! s'exlama-t-elle en éclatant de rire. Il ne rentre qu'après 6 heures ! Il est amoureux. Il a une nouvelle petite amie.

Il m'était désormais difficile d'ajouter quoi que ce soit.

– Dis-moi, Anna ! demanda Miranda en pivotant sur le canapé afin de mieux me voir. As-tu déjà été amoureuse ?

Heureusement, comme j'étais en train de mettre une cassette, je lui tournais le dos. Pour gagner du temps, j'appuyai sur plusieurs boutons de réglage de l'ampli car je ne voulais pas lui parler de Tony. C'était le plus grand secret de ma vie. J'avais le sentiment que si j'en parlais à quelqu'un, il m'échapperait, et serait sali et souillé.

– Moi ? répondis-je enfin. Ne dis pas de bêtises !

Ce n'était pas tout à fait un mensonge. Je n'aime pas les mensonges et je ne sais pas mentir. J'assure mes défenses, c'est tout. D'ailleurs, Miranda ne remarqua rien ; elle devait savoir que j'avais plutôt tendance à me déprécier. En fait, elle ne m'avait posé la question que pour pouvoir parler d'elle-même.

– Parce que moi, je suis amoureuse, dit-elle en étirant ses bras au-dessus de sa tête, en agitant ses pieds sous les coussins et en poussant un énorme soupir.

C'est drôle ! Toutes ces années pendant lesquelles Miranda s'était amusée avec des garçons, elle nous avait raconté qu'elle était folle de Ted, de Tom ou de Matthew, elle nous avait parlé de leurs beaux yeux, de leurs blousons de cuir ou de leurs motos à l'éclat métallique et ainsi de suite. Mais jamais je ne l'avais entendue dire qu'elle était amoureuse.

– Et de qui ? demandai-je.

Cela m'avait échappé. Et tout à coup je fus sur mes gardes. Je savais à l'avance ce qu'elle allait dire.

– Tu ne devines pas ?

Elle me sourit. Ses yeux grands ouverts paraissaient plus petits sans leur maquillage habituel.

– Tu l'as rencontré, ajouta-t-elle. Tu sais bien, là-bas, chez Ted, quand nous avons joué au tennis. Ce grand brun merveilleux ! Tony. Voyons, Anna, rappelle-toi !

– Ah ! c'est lui !

Et, bien que ma gorge fût sèche, je réussis à prendre une voix à peu près normale. Je ne pouvais plus regarder Miranda dans les yeux sans éprouver le sentiment de l'avoir trahie. Je ne sais pas pourquoi je me sentais si coupable. Je n'avais fait de mal à personne, mais les sentiments, c'est comme ça, on n'y peut rien. Me sentant rougir jusqu'aux oreilles, je me réfugiai dans la cuisine pour cacher mon visage.

– Je vais chercher du Coca, dis-je.

Et je tournai en rond, faisant semblant de fouiller dans les placards, jusqu'à ce que mon visage ait retrouvé sa pâleur naturelle.

– Tu l'as revu ? demandai-je d'une voix forte.

C'était plus facile de parler à distance.

– Au fait, où l'as-tu rencontré, la première fois ?

J'attendais anxieusement, le souffle coupé.

– C'est vraiment curieux, poursuivit Miranda. Je ne l'ai vu que ce jour-là. Joe et lui se connaissent un peu. Et je ne l'ai plus jamais revu depuis. Il est parti, tu te souviens, quand ta maman est arrivée, et je n'ai pas osé lui courir après pour lui demander son numéro de téléphone. J'ai questionné Joe, mais il m'a dit qu'il ne l'avait pas vu depuis longtemps, il ne connaît même pas son nom de famille. Oh ! Anna, je n'ai jamais ressenti ça ! Je ferais n'importe quoi pour le retrouver. Ça ne me dit plus rien de sortir avec tous ces petits imbéciles. Qu'est-ce que je peux faire ? Joe dit qu'il ne connaît pas son adresse, qu'il ne sait rien de lui. Je pense qu'il me fait marcher parce qu'il est jaloux, et qu'il me veut pour lui tout seul. Mais je retrouverai Tony, même s'il me faut mourir tout de suite après, dit-elle en agrippant un coussin de ses deux poings serrés.

Elle poussa alors une sorte de petit cri d'animal blessé avant de jeter furieusement le coussin au loin. Mon cœur battait à tout rompre. Si Miranda avait jeté son dévolu sur Tony, il n'y avait plus rien à faire. Aucun garçon ne pouvait résister à Miranda. Elle était sans peur, sans vergogne, sans pitié, obstinée et prête à n'importe quoi pour accrocher un garçon. Je n'avais aucune chance.

A cet instant des pleurs parvinrent de l'étage supérieur.

– J'y vais !

Miranda sauta sur ses pieds, oubliant son chagrin d'amour.

– Je vais le chercher. Je peux ?

– D'accord, si tu veux, dis-je.

Maman n'aimait pas emmener Ben dans la salle de séjour le soir. Elle disait qu'il ne fallait pas trop le gâter et que, s'il en prenait l'habitude, on ne pourrait plus jamais le faire dormir. Mais je savais que Miranda était impatiente de le câliner et je ne voulais pas l'en empêcher. Et puis j'étais trop préoccupée. Des pensées folles dont je n'arrivais pas à trouver la signification tournoyaient dans ma tête.

Une minute plus tard, elle était de retour, portant Ben dans ses bras. Elle le mit sur le canapé, puis laissa glisser ses longs cheveux sur le visage de Ben.

– Attrape ! dit-elle.

Ben hurlait de rire, et essayait d'attraper la chevelure de Miranda de ses petites mains, mais trop tard, elle l'avait déjà rejetée en arrière.

– Qui c'est qui aime les petits bébés, dit-elle de cette voix un peu mièvre qu'elle prenait toujours pour parler à Ben.

– C'est Miranda ! Mais oui, Miranda aime les petits bébés. Miranda aura des tas de petits bébés, et elle les câlinera tous en même temps, tout le temps.

– Quand tu auras fini, dis-je sans dissimuler mon impatience, je lui donnerai à boire.

J'écartai alors Miranda pour prendre Ben et l'installer sur mes genoux. Il se mit aussitôt à boire bruyamment. « Miranda arrivera peut-être à séduire Tony, pensai-je. Mais personne ne pourra jamais me voler Ben. »

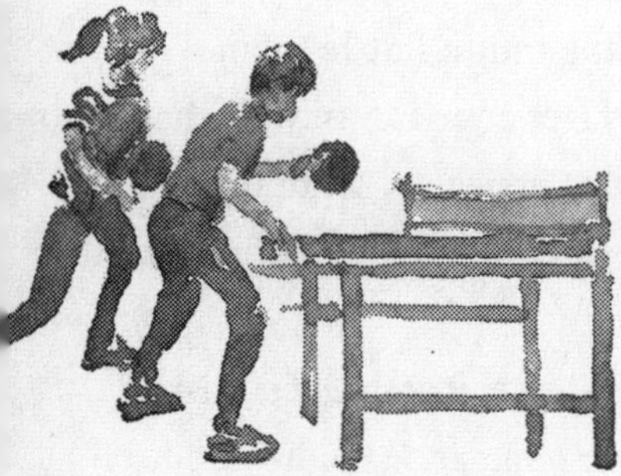

PEU APRÈS LA RENTRÉE DES CLASSES, BEN A DÛ RENTRER À L'HÔPITAL. IL Y AVAIT DÉJÀ FAIT PLUSIEURS SÉJOURS, pour des ponctions du cerveau ou des affections comme des bronchites dont n'importe quel enfant aurait guéri très vite. Mais Ben n'était pas un enfant comme les autres.

– C'est la routine, disait le docteur Randall.

Mais je ne le croyais pas car maman était de plus en plus déprimée. Un jour, en revenant de l'école, j'entendis la fin d'une conversation téléphonique.

– Je ne crois pas qu'ils vont encore l'opérer. C'est trop risqué à cause des problèmes cardiaques, je pense.

Elle poussa un soupir, puis se tut. J'entendis alors des espèces de coin-coin et des claquements et je compris que maman était en communication avec tante Janice qui parlait toujours si fort qu'il fallait éloigner l'écouteur d'un kilomètre, si l'on ne voulait pas avoir le tympan crevé.

– Mais non, poursuivit maman. Il n'est pas là. Tu aurais dû t'en douter. Parfois je pense que...

Puis son regard se posa sur moi et je compris qu'elle voulait parler de papa mais que ma présence l'en empêchait.

Il est vrai que papa était rarement à la maison, et en plus, même quand il était là, il n'était plus tout à fait le même. A l'époque où il avait commencé à voyager pour son travail, chacun de ses retours avait été une fête ; une vraie fête, comme Noël. Maintenant ce n'était plus pareil. Papa avait cessé de jouer avec nous et de nous faire rire comme avant.

J'incriminai maman ; elle était si tendue, si irritable et si triste. Dès que papa commençait à plaisanter, maman le foudroyait du regard, puis elle soupirait et finissait par dire quelque chose comme : « Tu en as de la chance de pouvoir être aussi détendu. Tu ne sais pas ce que c'est que d'être enfermé ici tout le temps avec un bébé malade, sans personne à qui parler... »

Je me sentis humiliée parce que, pour elle, je n'étais donc « personne ». Papa avait aussi l'air coupable et irrité. Je détestais les coups de téléphone que maman adressait à tante Janice pour parler de papa. Je me promettais de ne jamais le faire si un jour je me mariais, je veux dire, parler de mon mari à d'autres gens ; je trouve que c'est sournois. J'allai dans la cuisine et remuai bruyamment quelques ustensiles sous prétexte de me faire du thé. Je voulais signifier à maman que j'existais et qu'elle ferait bien de s'en aviser. Je me demandais quoi faire pour que maman raccroche, quand on a sonné à la porte.

Comme notre téléphone est dans l'entrée, tout près de la porte, j'entendis maman qui disait : « Excuse-moi, Jan, je dois y aller » et elle a raccroché.

J'ai entendu la porte qui s'ouvrait et puis la voix de maman, très polie tout à coup et même un peu obséquieuse.

– Bonjour, M. Henderson ! Mais entrez donc. Comme c'est gentil de venir nous voir.

C'était le pasteur.

Nous ne sommes pas précisément une famille pratiquante. Nous n'allons à l'église qu'à Noël, à Pâques et pour les baptêmes et autres cérémonies. Mais maman avait pris l'habitude d'y aller un peu plus souvent, et quelquefois je l'accompagnais. Il m'est difficile de savoir si j'aimais cela ou non. A certains moments, je me sentais pure et exaltée, pleine de bienveillance envers les hommes, à d'autres je m'ennuyais, j'étais maussade et très sceptique.

D'une manière générale, je n'avais rien contre M. Henderson. C'était un homme comme un autre, entre deux âges. Mais ce jour-là, je n'avais vraiment aucune envie de le voir parce que, quelques semaines plus tôt, maman nous avait entraînées, Katy et moi, à l'office d'action de grâces, et M. Henderson m'avait alors coincée à la porte de l'église.

– Tiens, tiens, avait-il dit, c'est bien Anna, n'est-ce pas ?

Et il m'avait pris la main, il l'avait serrée très fort, comme s'il ne devait jamais la lâcher.

– Comment ça va, jeune fille ?

Je marmonnai quelque chose. J'aurais voulu lui dire : « Très bien merci, vieux monsieur. » Mais je n'en fis évidemment rien. Ma vie est jalonnée d'occasions manquées. Et, après tout, j'aimais plutôt bien ce pauvre M. Henderson.

– Est-ce que je t'ai déjà vue à notre club de jeunes ? poursuivit-il.

– Non, répondis-je, très mal à l'aise, comme si j'étais prise au piège.

– Alors viens la semaine prochaine !

M. Henderson avait une particularité plutôt louable. En bon orateur qu'il était, même s'il parlait devant un demi-million de personnes, il vous donnait l'impression de ne s'adresser qu'à vous seul, allant et venant dans son surplis, comme si vous alliez essayer de l'interrompre pour lui poser des questions stupides sur la chorale ou faire des critiques personnelles sur son sermon, ou encore sur l'état déplorable des piliers de l'église, etc.

– Alors, dit-il en me regardant fixement. Vendredi, sept heures trente, au presbytère. Vous viendrez ?

– Très bien, dis-je d'une voix inaudible.

Il lâcha alors ma main pour se tourner vers la personne suivante et disparaître enfin dans une mer bleue de monde. J'espérais qu'il oublierait vite cette histoire. La chose au monde que je déteste le plus, c'est bien les clubs de jeunes, avec leurs jeunes encore plus jeunes et plus boutonneux que moi. C'est pourquoi je restais bien tranquille dans la cuisine, en espérant qu'ils n'y viendraient pas. Mais, bien entendu, comme maman tenait à offrir une tasse de thé à M. Henderson qui, lui, tenait à l'accepter, ils sont entrés et m'ont pincée.

– Dommage que vous ne soyez pas venue vendredi, dit M. Henderson, tout sourire, et si vous veniez cette semaine ?

– C'est-à-dire que... ai-je murmuré en tentant de me faufiler vers la porte.

– Comme c'est gentil à vous de penser à Anna, dit maman avec un de ces petits rires perçants qui lui servaient à dissimuler son embarras. Bien sûr qu'elle ira vendredi prochain ! N'est-ce pas, Anna ?

Je lui envoyai le regard le plus noir que j'aie pu me permettre devant le pasteur.

– Tu rencontreras des jeunes gens vraiment bien, cela te changera un peu, dit maman en insistant sur chaque mot.

Elle voulait dire « garçons », c'était évident, mais elle n'a pas osé. Je pouvais lire dans son esprit comme dans un livre. A ses yeux, les garçons qui allaient à l'église étaient tous sérieux, bien élevés et très convenables, évidemment tout le contraire de ceux que fréquentait Miranda.

Je finis par y aller, il n'y avait pas d'autre issue. M. Henderson avait une mémoire d'éléphant, chose étonnante étant donné ses cheveux blancs et son âge, mais il a téléphoné à maman le lendemain pour lui dire combien il était impatient de m'accueillir le vendredi suivant, si bien que je n'avais pas le choix.

En fait, je fus plutôt agréablement surprise. Tout se passa à merveille. Le presbytère était une drôle de vieille maison avec un vaste sous-sol dont M. Henderson avait fait une salle de jeux. Ce n'était pas mal du tout. J'avais eu peur de trouver des bondieuseries partout, mais il n'y eut qu'une seule prière, en fin de journée, et qui fut supportable.

A part ça, nous n'avons fait que jouer au ping-pong – un jeu où j'excelle – et M. Henderson nous a montré comment jouer aux fléchettes. La plupart des jeunes qui étaient là n'allaient même pas à l'église, ou alors très peu; ils venaient parce qu'ils aimaient bien le groupe et M. Henderson. Il y en avait de très jeunes, qui regardaient des vidéos de dessins animés. D'autres avaient mon âge, dont une fille nommée Diana, plutôt sympa, et puis un certain Jeff qui était un vrai comédien. Il avait des cheveux blonds tout frisés, un rire effronté et une drôle de façon de marcher à grandes enjambées. Quand il se mit à imiter les présentateurs de la télé en nous demandant de les reconnaître, nous nous sommes tous roulés par terre, et M. Henderson l'a applaudi. Jeff n'avait rien d'un héros romantique comme Tony, mais je pensais que nous pourrions être bons copains; il ne m'intimidait pas du tout. Il faisait sans arrêt des remarques pleines d'esprit, à tel point que M. Henderson s'en étonnait toujours. Jeff m'aimait bien, c'est certain, il s'était toujours arrangé pour être à mes côtés au ping-pong. Probablement parce que je jouais bien et qu'il avait ainsi plus de chances de gagner, mais ce devait être aussi pour moi. Je me sentais en pleine forme ce soir-là, lançant plein d'éclairs électriques, j'en étais sûre. Je ne m'étais pas sentie aussi bien depuis longtemps.

J'ai dû avouer à maman que j'aimais bien le club et que j'y retournerais la semaine suivante. Finalement, ce n'était pas si mal de savoir où aller le vendredi soir. J'étais sans doute la seule fille de ma classe à rester bien sagement à la maison à faire mes devoirs ou à m'ennuyer devant la télé. Je me sentais comme un monstre, rejetée.

Le troisième vendredi, Jeff n'était pas là. Diana non plus. J'étais déçue. La soirée manquait de charme. Je jouai un peu au ping-pong et bavardai avec un garçon nommé Sam, un garçon ennuyeux comme tout. Il avait des mains rouges qu'il tordait sans arrêt comme s'il était en train de les laver. J'essayais de m'en débarrasser quand, soudain, le téléphone a sonné, et M. Henderson est allé répondre. Puis il a écrit quelque chose sur un bout de papier.

– C'est pour vous, Anna.

Il me tendit le papier. Lui qui m'avait attaquée de front, me faisant passer pour une idiote, pouvait aussi se montrer d'une discrétion à toute épreuve. « Anna, vous avez rendez-vous avec Jeff à la gare à neuf heures trente, après le club », disait le mot.

Ce n'était pas possible ! Un rendez-vous ! Je me sentis rougir, puis frissonner. Heureusement, je m'étais lavé les cheveux avant de sortir. Et j'avais mis mon plus beau sweat-shirt. Quel garçon original, ce Jeff ! Quelle drôle d'idée d'avoir téléphoné à M. Henderson ! Je n'aurais jamais cru que je lui plaisais tant, et que les choses en arriveraient là. J'appelai maman pour lui dire que je rentrerais tard. Je quittai le club de bonne heure ; la gare était à un quart d'heure de là, mais je voulais prendre mon temps et mettre un peu d'ordre dans mes idées.

C'est curieux mais le fait d'avoir un rendez-vous avec quelqu'un rendait à mes yeux Tony plus lointain et moins intéressant. Je pensais que je m'amuserais bien avec Jeff. Nous ne cesserions de rire et nous ferions certaines choses, mais nous pourrions aussi, s'il le fallait, avoir des conversations un peu plus sérieuses.

Tout ça était bizarre pour moi parce que je n'avais pas l'habitude de sortir avec des garçons. Mais je ne me sentais pas paralysée par le trac, comme cela aurait été le cas si Tony m'avait demandé de sortir avec lui. A force d'y penser, je finis par préférer le visage de Jeff à celui de Tony ou plutôt au souvenir que j'en gardais. Il était en quelque sorte plus proche de moi.

Mais quelle idée bizarre d'avoir procédé de cette façon !

Pourquoi n'avait-il pas dit à M. Henderson qu'il voulait me parler ? Finalement, j'étais contente qu'il ait agi ainsi, sans me laisser le temps de réfléchir ni la possibilité de dire non. Si j'avais été prévenue, j'aurais été dans tous mes états.

Je n'étais pas allée souvent à la gare le soir. L'animation qui y régnait m'étonnait. Il y avait là une foule de gens qui attendaient leurs amis ou qui traînaient comme ça, pour rien. J'étais en avance. Et comme je ne voyais pas Jeff, je me postai près du Photomaton et j'attendis.

Enfin je le vis au bout de dix minutes qui me parurent interminables. Il portait un vieux blouson râpé et paraissait moins bien soigné et moins sûr de lui que d'habitude ; il semblait fatigué comme s'il venait de faire un travail particulièrement pénible. J'allais courir vers lui lorsque je me sentis tout à coup en proie à un drôle d'état : j'avais chaud et froid en même temps. Diana venait de surgir à l'autre bout du hall.

– Jeff ! l'entendis-je appeler.

Il se retourna.

– Salut ! répondit-il.

Soudain je compris. Avec un sentiment d'écœurement, la vérité m'était apparue. Ils avaient évidemment rendez-vous tous les deux. Le message était destiné à Diana, et non à Anna. M. Henderson avait fait une bourde impardonnable, pour ne pas dire grotesque. Avec ma chance, j'étais là, entre eux, qui avançaient l'un vers l'autre, dans ma direction ! Ils ne pouvaient pas ne pas me voir. Paniquée, je me réfugiai à l'intérieur du Photomaton qui, heureusement, était vide.

Je les entendis s'arrêter tout près de ma cachette, et vis leurs pieds sous le petit rideau vert. Et si Diana reconnaissait mes chaussures ? Celles qu'elle avait tant admirées la semaine passée. Elle n'aurait plus cette chance. Je n'aurais plus la force de retourner au club après cette expérience. Je ramenai mes pieds sous le tabouret.

– Heureusement que tu as reçu mon message, disait Jeff d'une voix un peu haletante, et pas particulièrement accueillante.

– C'est papa qui me l'a transmis, répondit Diana. Je suis rentrée tard de la piscine.

– Il a cru que tu étais au club. J'y ai téléphoné aussi, pour laisser un message. C'est drôle ! M. Henderson m'a dit que tu étais là.

– Voyons ! Tu le connais. Il lui arrive de dire n'importe quoi. Alors on y va ? Je ne veux pas rentrer trop tard ce soir. Où sont les affaires ?

– Dehors, dans la voiture de papa, dit Jeff. Il nous faudra faire plusieurs voyages. Je regrette un peu de m'être porté volontaire. J'ai bossé toute la soirée. Je n'ai eu que des soldes dépareillés.

Leurs voix s'éloignèrent, noyées dans le tonnerre d'un train qui passait. Je restai assise là, immobile sur mon tabouret, au moins cinq bonnes minutes, me sentant plus stupide que jamais. « C'est bien fait pour toi, ne cessai-je de me dire. C'est vachement bien fait pour toi », sans savoir pourquoi je m'en voulais à ce point-là. Peut-être parce que j'en voulais à M. Henderson en réalité. Mais c'était difficile de lui en vouloir. Cela ne convenait pas à son personnage...

Je mis longtemps à rentrer à la maison et, en marchant, je me sentais mieux. Ils ne m'avaient pas vue, c'était toujours ça. Et après tout, je n'avais pas de comptes à rendre à maman. Je rentrais tard, un point c'est tout. Pour me rassurer, je me disais que M. Henderson ne se souviendrait de rien. Il avait parfois la mémoire capricieuse. La seule personne à savoir combien j'étais idiote, c'était moi. Et cela, je l'avais toujours su de toute façon. Finalement, je retournerai peut-être au club, la semaine prochaine.

Tout compte fait, j'avais appris quelque chose sur moi-même : l'idée de sortir avec Jeff avait expulsé Tony de mon esprit et si je pouvais si facilement l'oublier, c'est que je n'étais peut-être pas vraiment amoureuse de lui.

CE QUI EST PÉNIBLE À LA RENTRÉE, C'EST DE SE DIRE QU'IL VA FALLOIR TRAVAILLER DUR.

Au début des vacances, vous vous dites que plus jamais vous ne pourrez supporter de passer des examens, et puis l'automne arrive et tout recommence. J'avais tellement de devoirs à faire qu'il me fallait rapporter je ne sais combien de livres chaque soir ; à peu près la moitié de la bibliothèque scolaire. Je me demande comment j'ai fait pour ne pas attraper une scoliose ! Miranda, elle, ne se donnait pas beaucoup de mal pour travailler et, détail écœurant, ses résultats n'étaient pas moins bons que les miens. Elle était naturellement douée pour les langues. Elle parlait couramment le français et l'allemand, en prenant l'accent qu'il fallait, tandis que je m'embrouillais toujours dans les verbes irréguliers et autres traquenards. On a beau travailler, parler une langue étrangère est impossible si l'on n'est pas doué pour cela. Heureusement, je me rattrapais en histoire et en philo où il suffit de potasser des tonnes de bouquins pour écrire des essais acceptables.

En fait, j'en avais assez de Miranda. Elle m'ennuyait à me parler sans cesse de Tony. Je pensais encore à lui malgré le coup de Jeff et le choc que ça m'avait fait. C'était insensé, je le savais ; je ne m'attendais pas à revoir Tony. Je me contentais de rêver de lui, comme je l'avais fait avec Mlle Winter. Miranda, elle, avait des idées bien précises. Elle disait qu'elle irait se balader du côté des courts de tennis dès que le soleil reviendrait ; il y serait peut-être, puis elle l'inviterait à telle ou telle boum, ou bien encore, en l'absence de son père, elle le ferait venir chez elle. Elle l'aurait fait, j'en suis sûre, si Tony était réapparu. Cette idée me rendait malade. Si Miranda l'aimait vraiment comment pouvait-elle faire de si sordides projets ? Son amour fou pour Tony ne l'empêchait pas cependant de sortir avec d'autres garçons, comme avant. A l'heure du repas, elle sortait en cachette pour en rencontrer au snack de la gare. Elle s'était même vantée d'avoir une liaison avec le contrôleur de billets. Le reste du temps elle traînait avec Joe au McDonald's qui venait d'ouvrir sur le boulevard.

Si je l'invitais moins souvent à venir à la maison, ce n'était pas seulement parce que je me sentais moins proche d'elle. C'était aussi à cause de maman. Depuis que Ben avait été hospitalisé, elle était plus difficile que jamais. Papa et moi en avions longuement et sérieusement parlé, lors d'un week-end où il était à la maison. Il avait dit qu'elle était déprimée, que nous devions être très compréhensifs, et qu'elle irait mieux dans quelque temps. Il avait dit aussi qu'il allait essayer de l'envoyer chez un médecin, et je remarquai qu'il n'était pas sûr qu'elle eût envie d'y aller. Ben donnait énormément de travail à maman. Plus il grandissait, plus il posait de problèmes; la nuit, il dormait de moins en moins, et il représentait une véritable charge. Même les choses toutes simples, comme changer sa couche ou le mettre sur sa chaise pour le nourrir, nécessitaient de gros efforts. Le soulever était devenu une réelle épreuve physique. Et puis maman devait aussi s'occuper de la maison. Elle n'avait pas beaucoup à s'inquiéter de moi. A quinze ans, j'étais pratiquement adulte, et capable de me débrouiller toute seule. Mais Katy n'était encore qu'une petite fille, assoiffée d'amour maternel. Elle me dérangeait beaucoup moins qu'avant, si bien que j'avais fini par avoir de l'affection pour elle. Elle devenait très jolie, perdait peu à peu ses manières de bébé et pouvait se montrer très agréable. Evidemment, il nous arrivait encore de nous disputer un peu, comme le jour où, m'ayant emprunté discrètement ma broche en forme de perroquet pour un goûter de Noël, elle l'avait cassée en jouant aux chaises musicales. Mais dans l'ensemble ça n'allait pas trop mal entre nous.

Katy est née un 21 octobre, le même jour que la reine Victoria, ce qu'elle ne manque jamais de signaler à qui veut l'entendre. Katy tient beaucoup à fêter chaque année son anniversaire en grande pompe. Elle y pense déjà dès le mois de juin, en disant à ses copines :

– Si tu ne me prêtes pas tes chaussons de danse, je ne t'inviterai pas pour mon anniversaire.

Elle arrive toujours à ses fins. C'est cela, en fait, qui allait nous compliquer l'existence. Maman avait surpris Katy en train de dresser pour la dixième fois la liste de ses invités, en supprimant le nom de Tracey avec qui elle s'était disputée, et réhabilitant Stewart parce qu'il lui avait offert un bonbon pendant la récréation. Alors maman avait dit :

– Tu ne comptes quand même pas faire une fête cette année ! Je ne pourrai pas m'en occuper : Ben rentre juste de l'hôpital et risque d'y retourner. Je te croyais assez grande pour comprendre certaines choses.

Katy n'en crut pas ses oreilles. Depuis des semaines elle ne pensait qu'à cela. Le fait que maman ne s'était aperçue de rien indiquait l'état dans lequel elle se trouvait. Katy pâlit, rougit et se mit à hurler, en traitant maman de vieille vache, puis elle sortit de la cuisine pour monter l'escalier en faisant trembler la maison. Je pensais que maman allait lui courir après pour la corriger mais elle s'assit à la table de la cuisine. Je faillis m'en mêler et lui rappeler sèchement que moi, pour mes dix ans, j'avais invité je ne sais combien d'enfants et qu'elle était trop dure envers Katy. Mais soudain j'eus pitié d'elle. Ses épaules étaient voûtées et ses cheveux étaient en désordre, elle paraissait terriblement fatiguée, et très aigrie. Me reprenant, je lui dis alors calmement :

– Elle y a mis tout son cœur, maman. Je pense, en toute honnêteté, qu'il ne faut pas la priver de ce plaisir.

Maman ne bougea pas. Je me sentais très mal, un peu comme en classe quand personne ne bronche parce que Mme Gordon vient de demander des volontaires pour une corvée : placer des chaises dans le hall pour une soirée de parents d'élèves ou vendre des billets pour un concert. Et c'est toujours moi qui me dévoue. Je ne sais pas pourquoi, mais je me sens poussée par une force inconnue, et puis, avant même de savoir où j'en suis, j'ai tout accepté. C'est ainsi que, sans savoir pourquoi ni comment, je m'entendis dire :

– Laisse-moi faire, maman. Je m'en occuperai. J'organiserai une disco pour Katy, j'achèterai du Coca et des hamburgers, tu n'auras pas à remuer le petit doigt. Nous le ferons le week-end prochain, quand papa sera là. Il sera le disc-jockey.

Maman m'a regardée.

– Je ne supporte pas le bruit, a-t-elle dit avec une sorte de désespoir dans la voix. Ces gosses qui vont et viennent, et Ben qui n'a pas l'habitude, et puis toute cette pagaille...

Je me sentais épuisée.

– Voyons, maman, dis-je au bord de l'exaspération. C'est l'anniversaire de Katy. Elle va avoir dix ans. Elle en a parlé à tout le monde. Tu ne peux pas lui faire cela.

Elle me regardait avec désespoir.

– Ben peut passer la journée chez tante Janice, dis-je. Elle se propose toujours de le prendre. Et si tu veux tu pourras sortir l'après-midi. Nous nous débrouillerons très bien sans toi.

Je ne me rendis compte qu'après coup combien ces mots pouvaient être cruels pour elle.

J'étais plutôt contente à l'idée de m'occuper de la fête de Katy, elle m'en était si reconnaissante ! Elle s'était pendue à mon bras quand nous sommes allées dans la boutique pour acheter les petits cadeaux des invités. Elle avait choisi les objets les plus excentriques : des blocs-notes couleur arc-en-ciel et des crayons délirants, ornés chacun d'un nounours rose et jaune. Drôles de cadeaux ! Les enfants de cet âge n'ont pas toujours très bon goût. Je me souvenais des cartes postales grotesques que j'aimais à son âge, représentant des chiens à longues oreilles, versant des flots de larmes ! Cela finit par passer. L'organisation du goûter ne me posa pas trop de problèmes. J'avais tenu un stand de hamburgers et de saucisses pour la fête de Noël à l'école. J'avais eu peur de ne pas y arriver, mais tout s'était bien vendu, et Mlle Winter m'avait dit que j'étais une vraie femme d'affaires. Une fête d'enfants, c'était du gâteau en comparaison. Curieusement, le plus difficile fut d'obtenir que papa accepte le rôle de disc-jockey. Je me doutais qu'il prendrait cet anniversaire à la légère mais il pensait que maman n'allait pas bien, qu'il ne fallait pas la fatiguer avec cette boum, et qu'elle avait réellement besoin de repos et de calme.

– Alors, pourquoi es-tu si rarement à la maison ? ai-je explosé. Tu pourrais au moins l'aider un peu !

Papa ne se fâcha pas. Son regard s'était seulement légèrement assombri. Il dit qu'il ne pensait pas pouvoir se rendre utile. Il avait du mal à exprimer ce qu'il fallait, ces temps-ci. Mais finalement il décréta que c'était une bonne idée et accepta de nous aider. Sur les invitations nous avions mis « de 6 à 8 heures », en pensant que deux heures, ce ne serait pas trop long. Maman donna son accord, à condition qu'on ne mette pas la musique trop fort, les tableaux risquaient de tomber des murs, ce qui serait dommage.

J'ai parfois la bizarre impression que c'est Katy l'aînée et pas moi. Elle a un sens inné du chic, de l'élégance, du style beaucoup plus sûr que le mien. Pourtant je suis plutôt mignonne depuis que mes dents n'ont plus d'appareil, que je porte mes lentilles en permanence et que mes boutons sont partis, sauf un, au bout du menton. Mais Katy a du caractère. Elle passe des heures devant la glace à se fabriquer un turban avec une vieille écharpe pour contempler ensuite le résultat, ou à essayer des dizaines de vêtements à la suite pour voir à quoi elle ressemble. Je dois reconnaître que c'est très réussi. A dix ans, c'est une experte dans l'art de la fête. A mon avis, dans quelques années, elle sera mannequin, styliste de mode, ou quelque chose comme ça.

Dans les semaines qui ont précédé la fête, elle a économisé son argent de poche, et a tout dépensé en produits de maquillage. Je ne suis pas certaine qu'elle en eut la permission. Une gamine de dix ans, pomponnée de la tête aux pieds, cela me semble quand même excessif, non ? A cet âge, je n'y aurais même pas pensé. J'étais bien trop sage.

Lorsque le grand jour arriva, Katy s'enferma dans sa chambre pour parfaire sa toilette et son maquillage. Je suppose qu'elle craignait mes objections. Et quand elle se montra enfin, je faillis éclater de rire. Mais je savais, par expérience, que cela aurait pu être fatal.

Elle portait un survêtement rose bonbon et des bottines orange. Un bandeau fait d'un foulard cramoisi à franges de Lurex entourait son front. C'était à la limite du mauvais goût, mais malgré tout acceptable. Ses cheveux, grâce à une laque durcissante, étaient couverts de zébrures, malheureusement un peu tremblées dans le dos. Elle avait mis du fard à paupières rouge et du rouge à lèvres noir...

J'en restai bouche bée. Mais je vis son visage plein d'espoir, et avide de compliments.

– Formidable ! Fantastique ! Super chic ! me suis-je écriée.

Elle fit une pirouette puis, d'un pas de danse, alla trouver maman qui rit vraiment gentiment, sans la moindre ironie. En entendant ce rire, je sus que Katy ne se vexerait pas. Puis j'entendis maman qui disait :

– Tu es splendide, ma chérie. Comment fais-tu ? Que vas-tu encore inventer ?

J'ai pensé qu'il y avait peut-être un espoir que nous redevenions un jour une gentille famille avec une maman comme toutes les mamans, qui ferait des choses avec nous.

Quand les invités de Katy arrivèrent, je n'eus même pas le temps de voir comment ils étaient habillés. Mais je commençai à comprendre pourquoi maman avait fait tant d'histoires avant de donner son consentement à Katy. Quel vacarme ! Ces dix enfants faisaient autant de bruit que cinquante ! Ils étaient si excités qu'ils ont crié pendant deux heures comme des fous au point qu'on n'entendait presque plus la musique, bien que Katy l'ait mise très fort.

Honnêtement, je me demande si Katy s'est vraiment amusée ce jour-là. Elle semblait tendue en permanence et voulait tout organiser entre partenaires, elle faisait des incursions dans la cuisine pour voir si le thé était prêt, puis elle demanda brutalement à papa d'arrêter un disque pour annoncer l'attribution d'un prix couronnant le plus beau maquillage. Je pense qu'elle était en réalité à bout de nerfs. La présence de Tracey n'a certainement pas arrangé les choses. Katy avait fini par l'inviter, en dépit de leur brouille au sujet de Stewart qui était si bien coiffé et si bon danseur. Je pensai à Debbie, à Emma et à moi et je plaignis Katy! J'avais tort. Cette enfant est brillante et elle a surtout le don d'obtenir tout ce qu'elle veut.

Elle s'était arrangée habilement pour avoir Stewart à ses côtés au moment du goûter, après avoir orienté Tracey vers Conrad, un garçon balourd aux cheveux carotte. Puis, à table, elle parlait à l'oreille de Stewart pour lui dire certaines choses pas très gentilles concernant Tracey, et Stewart faillit étouffer de rire. Quant à Tracey, elle était folle de jalousie. A la fin, n'en pouvant plus, elle essaya de reconquérir Stewart, en l'entraînant danser avec elle dans la pièce voisine. Mais ce n'était pas le moment car il ne pensait qu'à sa deuxième part de gâteau, et Katy lui avait promis celle qui était enrobée de chocolat. Alors une fois Tracey partie, Katy savoura sa victoire. Bien joué, Katy! Si seulement j'avais pu en faire autant avec cette vipère d'Emma!

Maman avait passé tout l'après-midi au lit. Elle avait la migraine, c'est du moins ce qu'elle disait. Mais elle vint quand même une fois ou deux, souriante, pour voir tournoyer cette ribambelle d'enfants. Quand ils furent tous partis et que, épuisée, je me laissai tomber sur le canapé tandis que les emballages vidés de leurs chips craquaient sous mon poids, j'entendis maman qui parlait à papa dans la cuisine.

Ils étaient déjà là depuis un moment. Je crus entendre pleurer maman; papa lui parlait doucement et, beaucoup plus tard, j'entendis couler l'eau et maman parler plus fort, de sa vraie voix, d'une voix plutôt heureuse. Et je les ai entendus rire comme ils n'avaient pas ri depuis longtemps.

– Bravo! Annie, me dit-elle plus tard dans la soirée. Tu t'es très bien débrouillée sans moi. Mais je ne sais pas comment tu feras par la suite. Je ne suis pas encore prête à m'occuper de tout. Papa va prendre un nouveau poste, et je pense à tout le travail que je vais avoir et à toutes les chemises que j'aurai à repasser!

Elle me sourit, alors que je savais aussi bien qu'elle combien elle détestait par-dessus tout le repassage.

Le lendemain, maman n'allait pas vraiment mieux, mais elle se mit à avoir un comportement un peu plus normal par la suite. Je ne sais pas de quoi elle avait parlé à papa dans la cuisine, mais ils n'avaient plus l'air d'être séparés par un mur comme auparavant. Papa devait encore s'absenter beaucoup pendant deux mois, mais il entrevoyait le bout du tunnel. Il reviendrait bientôt à la maison et y resterait pour de bon.

Loin de moi l'idée de me vanter, mais je pense que j'y fus pour quelque chose. Je ne parle pas du travail de papa, car c'était à lui de décider tout seul. Mais je pense que ce que j'avais fait pour l'anniversaire de Katy avait incité maman à se secouer et à se dire que Ben n'était pas son seul enfant. Je ne dis pas qu'elle passait tout son temps à s'occuper de lui, mais elle me tenait à l'écart si je me trouvais près de lui quand il était malade, et elle ne permettait à personne d'autre de le câliner, même si j'étais sûre qu'il préférait parfois ma présence. Ce qui me gênait c'était de voir qu'elle consacrait infiniment plus de temps à Katy qu'elle ne l'avait jamais fait avec moi. Je sais que je suis assez grande pour ne plus avoir tout le temps besoin d'une maman, mais je me sentais légitimement frustrée quand elle emmenait Katy à la patinoire, alors qu'elle n'avait jamais pris la peine de faire du lèche-vitrines avec moi. Tout cela finit par m'exaspérer, je ne pouvais m'empêcher de ruminer dans mon coin, et tout ce que maman disait à Katy prenait des proportions énormes. Il fallait bien que tout cela déborde un jour. Et finalement, c'est une histoire complètement idiote qui a tout déclenché.

A l'école nous répétions une pièce de théâtre, *L'Eventail de Lady Windermere,* d'Oscar Wilde. Je n'y avais qu'un rôle d'invitée. J'adore Oscar Wilde. Je me sens alors pleine de langueur, d'élégance et de raffinement. C'est naturellement Mme Hamilton qui assura la mise en scène, et Mlle MacFarlane, le professeur d'enseignement ménager, qui fournit les costumes, mais il m'avait fallu compléter le mien par quelques accessoires tels qu'un tour de cou, des bijoux fantaisie, des gants longs, etc. Quand Mme Hamilton a parlé de tour de cou, je me suis rappelé un merveilleux col de dentelle que maman gardait au fond d'un tiroir; c'était un cadeau de sa grand-mère, elle ne l'avait jamais porté. Je l'avais découvert un jour en aidant maman à ranger. Accepterait-elle de me le prêter pour mon rôle ? Eh bien non, elle refusa en prétextant qu'il était trop précieux, que je risquais de le perdre, de le déchirer ou de le tacher de fard.

– Ou bien le chat de l'école pourrait le manger, ajoutai-je avec colère. Tu sais bien que je suis très soigneuse. Pourquoi ne veux-tu pas ? Tu crois que c'est mieux de le laisser moisir au fond d'un tiroir ?

Mais maman demeura inflexible. Je me résolus à acheter chez Woolworth un bout de broderie anglaise pas trop cher qui faisait à peu près l'affaire, mais beaucoup moins joli.

Et puis, le samedi précédant le spectacle, je croisai Katy dégringolant l'escalier, coiffée du plus joli chapeau de maman, celui-là même qu'elle avait porté au mariage de sa cousine Julia. Je ne pouvais en croire mes yeux ! Je sentis un coup en plein cœur. Sans égards pour Katy, je me précipitai dans la chambre de maman qui était en train de mettre de l'ordre dans son placard.

– Ce n'est pas juste, ai-je hurlé. Katy obtient tout ce qu'elle veut. Elle n'a qu'à lever le petit doigt. Moi je souhaitais quelque chose dans un but sérieux, un but éducatif, et tu me l'as refusé. J'en ai assez. Je le prends quand même, quoi que tu puisses dire...

Je courus vers la commode, ouvris brutalement l'un des tiroirs et sortis le col de dentelle sans cesser de regarder maman. Mon cœur battait très fort et – j'en étais sûre – mes yeux lançaient des éclairs impressionnants.

– Remets-le à sa place tout de suite, dit ma mère d'une voix autoritaire.

Elle avait l'air très irrité.

– Tu as donné ton plus joli chapeau à Katy, juste pour jouer! Mais pourquoi?

Le visage de maman redevint alors calme et serein.

– Annie, dit-elle de cette voix pleine de compréhension que je trouve insupportable, sais-tu combien vaut ce col?

– Non.

Je ne me sentais tout à coup plus si sûre de moi. J'avoue que je n'avais jamais pensé au prix de ce col.

– Au moins cinquante livres, ajouta-t-elle, tant que tu ne l'auras pas déchiré.

– Quoi? murmurai-je.

J'avais le sentiment de tenir dans mes mains un engin chauffé à blanc. Je le reposai aussitôt doucement sur la table.

– Pourquoi ne m'as-tu rien dit avant? J'aurais compris. Tu sais que je suis tout à fait capable de comprendre pourvu qu'on m'explique bien.

– Je sais, ma chérie, dit maman, avec un soupçon de rire dans la voix.

J'avais sûrement l'air un peu ridicule, drapée dans mon orgueil blessé, ou je ne sais quoi...

– Bien, dis-je, reprenant mes esprits. Mais je ne vois pas pourquoi tu as donné ton plus joli chapeau à Katy.

Alors maman éclata de rire.

– Mon plus beau chapeau ? Tu l'as bien regardé ? Il est plein de trous ! Ça fait plus de cinq ans que Julia est mariée. Elle a déjà deux enfants. De toute façon, je ne mets jamais de chapeau, sauf pour les mariages, et le prochain sera probablement le tien.

– Arrête, maman ! Personne ne voudra jamais m'épouser !

– Oh, que si, répondit maman. J'ai remarqué que tu deviens de plus en plus jolie. J'ai acheté quelques coupons de tissu cet après-midi. J'ai pensé que cela t'amuserait que je te fasse une robe.

C'était très gentil de la part de maman et j'appréciais la proposition ; en même temps, je me sentais légèrement déconcertée. Maman est toujours très enthousiaste quand elle se met à la couture, ce qui n'arrive pas très souvent en fait, le résultat est plutôt inégal. De temps en temps, elle réussit son coup mais, en général, il y a des faux plis et l'ourlet pend.

Je regardai les tissus qu'elle avait dénichés. Ils étaient tous passablement démodés et carrément impossibles. Mais j'étais si heureuse qu'après tout je m'en moquais. Maman voulait me faire une robe. Maman me trouvait jolie. Il n'y avait pas que Ben et Katy qu'elle aimait. « Et de toute façon, ai-je pensé plus tard avec le recul, je ne serai pas obligée de la porter souvent. »

Soudain, je pris une décision. Il était temps pour moi de trouver un petit boulot, le samedi. Emma et Vicky travaillaient chez Tesco en fin de semaine. Je pourrais faire comme elles. Je gagnerais un peu d'argent et, pour une fois, je pourrais m'acheter des vêtements à mon goût.

EN RÉALITÉ, JE N'AVAIS PAS TROUVÉ DE TRAVAIL CHEZ TESCO. ET JE PENSE QUE C'ÉTAIT À CAUSE D'EMMA. Quand elle m'avait vue arriver pour un entretien, elle s'était mise à crier sous le nez de la surveillante :

– Tiens ! Voilà Pea ! T'en fais pas, Pea, nous ne dirons rien ! Nous ne leur dirons pas la vérité ! Ha ! ha !

Et puis elle avait poussé Vicky du coude. La surveillante m'avait aussitôt lancé un regard noir et s'était montrée froide et guindée durant l'entretien. Je savais à l'avance qu'elle ne m'engagerait pas. Quand j'étais sortie, Vicky ne m'avait pas soutenue et m'avait souri de façon narquoise. Ce n'était pas sa faute. Elle était à la botte d'Emma et j'imagine qu'elle aurait voulu être son double. J'avais envie d'étrangler Emma. Il n'y avait pas de limite à sa méchanceté.

Au retour, je m'arrêtai chez Mme Chapman pour acheter un paquet d'enveloppes car j'avais l'intention d'envoyer des demandes d'emploi un peu partout. Là, une bonne surprise m'attendait.

– C'est pour écrire des lettres d'amour, j'imagine ? demanda Mme Chapman, en se penchant vers moi et en clignant de l'œil alors que son double menton tressautait tandis qu'elle encaissait la monnaie.

Je n'aime pas tellement les taquineries, mais venant de Mme Chapman ce n'est pas grave. Elle était vraiment de bonne composition ; même quand on se moquait d'elle, elle se contentait de rire, d'un rire très communicatif.

– De drôles de lettres d'amour, dis-je. Je cherche un travail pour le samedi. Je vais envoyer des demandes à plusieurs endroits.

– Tu veux travailler le samedi ? dit Mme Chapman, l'air pensif.

– Oui. C'est ce que font la plupart de mes camarades de classe. J'ai envie de gagner de l'argent pour m'acheter certaines choses, et puis je voudrais en économiser aussi pour les sports d'hiver, l'année prochaine.

– Où est-ce qu'elles travaillent, tes copines, dit Mme Chapman.

– Chez Tesco, chez McDonald's et puis à la cité-jardin de Stack's Lane.

– Ils paient combien chez Tesco ?

Je le lui dis.

– C'est correct, dit-elle. Dis donc, Anna, pourquoi tu ne viendrais pas travailler chez moi ? Je te paierais la même chose. Il me faudrait une aide, le samedi ; mes pauvres jambes ne tiennent plus le coup avec les acrobaties toutes les cinq minutes pour les rayons du haut. J'y arrive plus comme avant.

Je ne pouvais en croire mes oreilles !

– Vous voulez dire ?… C'est sérieux, Mme Chapman ?

– Bien sûr que je parle sérieusement. Je ne plaisante jamais quand il s'agit du boulot. Quand veux-tu ? Tout de suite ?

– Je dois d'abord rentrer pour prévenir maman, dis-je. Elle m'attend pour le déjeuner.

– Passe-lui un coup de fil ! Le téléphone est là, derrière.

Elle fit basculer un des rabats du comptoir et s'écarta pour me laisser passer.

Je connaissais cette boutique depuis ma plus tendre enfance, mais je n'aurais jamais osé imaginer, même dans mes rêves les plus fous, que l'on me permettrait un jour de passer derrière le comptoir, au-delà du rabat magique, afin de découvrir les mystères de l'arrière-boutique.

C'est bizarre quand on y pense, toutes ces choses que l'on ne remarque jamais. Il y a plusieurs années que je me promène dans la rue principale, mais je n'ai jamais regardé ce qu'il y avait au-dessus des boutiques. Et voilà que, l'autre jour, j'ai enfin levé les yeux et j'ai été tout étonnée de voir des maisons très intéressantes, chacune construite dans un style différent, et toutes ces fenêtres dont certaines ont de jolis rideaux, d'autres des bacs pleins de fleurs sur le rebord. J'imagine qu'elles sont habitées. J'avais toujours cru qu'il n'y avait que des magasins dans cette rue. Ce n'est qu'après avoir fait cette découverte que j'ai vu les portes d'entrée situées entre les boutiques. Je devais être aveugle comme une chauve-souris pour ne pas avoir remarqué tout cela plus tôt.

L'arrière-boutique de Mme Chapman était plutôt coquette. Elle y avait aménagé une sorte de petit salon avec des chaises confortables, un fourneau à gaz, un coin pour prendre le thé, et puis des tas de caisses pleines de barres chocolatées et autres friandises. A vrai dire, je n'avais jamais pensé que Mme Chapman habitait quelque part. Elle semblait avoir sa place là, derrière le comptoir. Elle me raconta plus tard qu'elle avait un joli petit pavillon sur la route nationale, à proximité des autobus. Je me sentais nerveuse, ce premier samedi matin, debout derrière le comptoir. Heureusement, j'étais venue si souvent dans ce magasin que je n'eus aucun mal à trouver la plupart des articles. Mme Chapman me prêta une blouse de Nylon à carreaux bleus et, c'est drôle, dès que je l'eus mise, je me sentis responsable de ma charge. Les clients se mirent à me traiter de façon différente.

La plupart d'entre eux ne me remarquaient pas vraiment, je veux dire, ne me remarquaient pas, moi, Anna Peacock. Du fait de ma tenue, ils me prenaient pour une employée, et du coup je n'existais plus à leurs yeux.

Ce n'était que : « Deux paquets de chips et le supplément télé du *Times*, s'il vous plaît. » Ou bien : « Le dernier *Woman* est sorti ? »

Il faut avoir beaucoup de patience. Je me souvenais du temps où je pensais que travailler dans un magasin était un jeu d'enfant. Je ne le pense plus maintenant ! Il faut savoir garder son sang-froid, avoir une bonne paire de jambes et puis des yeux tout autour de la tête. C'étaient les enfants qui me posaient quelques problèmes. Ils étaient bruyants, mal élevés et empêchaient les clients d'accéder au comptoir. Ils étaient là, avec une pièce de monnaie à la main, et mettaient une demi-heure pour choisir une barre de chocolat, et puis il fallait leur répéter cent fois le prix. Mme Chapman était toujours très gentille avec eux. J'ai essayé de l'être aussi. Elle m'a raconté que j'avais été comme eux quand j'étais petite fille. Elle me revoyait encore hésiter des heures entre un ballon de caoutchouc et un bâton de réglisse. Mais je ne pense pas avoir été aussi insupportable que ces gosses. Je n'avais pas leur insolence, c'est certain.

Certaines vieilles personnes étaient charmantes. Elles me remarquaient plus volontiers que les autres, étaient plus polies et aimaient bien rester là un moment à bavarder. Avec d'autres cependant les relations étaient beaucoup plus difficiles. Comme cette vieille dame venue acheter une carte d'anniversaire pour son frère. En la voyant, Mme Chapman m'avait poussée vers le présentoir.

– Faut lui donner un coup de main à celle-là, dit-elle à voix basse. Elle vient souvent, la pauvre femme. Elle ne sait ni le jour ni l'heure.

Elle avait raison.

– Je voudrais une carte d'anniversaire, dit la vieille dame. Pour mon frère.

Elle avait déjà pris une carte sur le présentoir. Une carte portant l'inscription : « Pour un petit garçon de sept ans ».

– Quel âge a votre frère ? lui demandai-je.

– Cela ne vous regarde pas, rétorqua-t-elle sèchement.

Me sentant un peu perdue, je cherchai Mme Chapman du regard. Mais elle était occupée à vendre du bubble-gum à deux petits durs de huit ans.

– Est-ce qu'il aime la campagne ? ai-je voulu savoir en montrant à la vieille dame une jolie carte représentant des pelouses et des arbres entourant une chaumière.

Elle se mit à fouiller dans son sac à la recherche de ses lunettes. Ayant oublié qu'elle tenait une carte à la main, elle la laissa tomber par terre. Je la ramassai.

– C'est du joli, dit-elle. Vous faites tout tomber. Il faut être plus soigneuse, mon petit.

Je décidai d'être sans pitié.

– Elle est jolie, la carte que vous avez choisie, dis-je, en la lui tendant à nouveau. C'est pour quelqu'un de particulier ?

– Oui, c'est pour mon frère, répondit-elle, soudain tout sourire.

– C'est parfait, soulignai-je en l'escortant vers la caisse. C'est son anniversaire, n'est-ce pas ?

– Oui, dit-elle en se penchant vers moi, confidentiellement. Vous ne devinerez jamais quel âge il a.

– Non, dis-je. Sûrement pas.

– Quatre-vingt-un ans ! dit-elle triomphalement.

Pendant ce temps, je pris une pièce dans sa pochette ouverte, puis je remis la monnaie. J'aurais pu me servir sur sa pension de retraite, elle ne s'en serait même pas aperçue.

Je faillis avoir le fou rire et dus détourner la tête. Mais quand la vieille femme eut quitté la boutique, Mme Chapman s'écria brusquement :

– Ça suffit !

Je ne l'avais jamais entendue parler ainsi !

– Je te défends de te moquer de Mlle Baggs. Cette pauvre vieille dame est un ancien professeur de musique très respecté. Elle a passé des années et des années à enseigner le piano à des gosses insupportables. C'est pas sa faute si sa mémoire flanche. C'est une personne admirable. Et que je ne t'attrape plus en train de rire d'elle, compris ?

Je me sentis mal à l'aise pendant quelques minutes. La boutique était pleine de monde et, tandis que nous étions en train de servir les clients, Mme Chapman retrouva son sourire et sa bonne humeur.

Elle était comme ça. Elle ne restait pas fâchée plus d'une minute. Et ce que j'appréciais beaucoup chez elle, c'est qu'elle respectait tout le monde, même une vieille folle comme Mlle Baggs qui, on avait beau dire, n'était pas commode. Et, je m'en rends compte maintenant, elle avait du respect pour Ben.

Vers le milieu de l'après-midi, mes pieds étaient en compote. J'avais mis mes belles chaussures à talons hauts et à boucles rouges que j'avais achetées dans un magasin de soldes. Elles étaient un peu étroites au bout, mais je les mettais toujours pour sortir parce qu'elles étaient vraiment jolies et chacun sait qu'il faut souffrir pour être belle. Mais à la fin je n'en pouvais plus. Tant que j'étais derrière le comptoir, j'aurais pu les enlever, mais il m'était impossible de me reposer une seconde car Mme Chapman n'arrêtait pas de me dire :

– Peux-tu attraper une autre boîte de ballons tout en haut de l'étagère, Anna ?

Ou encore :

– Va dehors ranger les magazines qui sont sur le présentoir, on dirait qu'il y a eu un bombardement ici.

Je compris pourquoi elle avait besoin d'une aide. Et je me demandai comment elle avait pu s'en sortir toute seule pendant si longtemps. Pour attraper les articles rangés sur les étagères du haut, elle devait grimper sur un petit escabeau en équilibre instable. Elle était énorme, pas très solide sur ses jambes et les marches de l'escabeau étaient fatiguées. Mais tout cela me donnait encore plus envie de travailler pour elle. Je me sentais utile et digne de gagner de l'argent. Je commençais à me sentir chez moi dans cette boutique, comme si j'y avais toujours été. J'aurais pu tenir le magasin sans aucune aide. Et soudain, ce fut le choc. Une dame très chic en manteau de fourrure et foulard Hermès orné de têtes de chevaux, de harnais et de sabots, se présenta au comptoir, les bras chargés de magazines très chers, dans le genre *Vogue, Harpers* et *Interiors*. Je n'ai jamais pu imaginer comment des gens ordinaires pouvaient acheter ces magazines que je n'avais vus que dans la salle d'attente du dentiste. En plus, cette femme avait une façon de parler terriblement snob, si bien que j'avais du mal à comprendre ce qu'elle disait, et une façon désagréable de me toiser du haut de son long nez poudré ! Je l'observais d'un œil alors qu'elle se dirigeait vers la sortie quand, soudain, elle s'arrêta devant les stylos, et là, avec un calme imperturbable, elle prit un crayon à bille sur le présentoir, le glissa dans sa poche et sortit d'un pas tranquille !

Je ne pouvais le croire. J'étais saisie et choquée. Je savais bien qu'il m'aurait fallu lui courir après et lui dire de remettre le crayon à sa place, mais ses airs supérieurs m'avaient pétrifiée.

– Mme Chapman ! Cette femme... le crayon à bille..., dis-je de manière incohérente.

– Qu'est-ce qui t'arrive, mon lapin ? demanda Mme Chapman en se penchant lourdement, avec un craquement, pour frotter son pied douloureux.

– Cette femme en manteau de fourrure, elle a volé un Bic ! Je l'ai vue. Elle l'a pris sur le présentoir et elle l'a mis dans sa poche.

A ma grande surprise, Mme Chapman se mit à rire.

– Ah ! je vois. C'était Mme Thompson. Une catastrophe ! Tout le monde la connaît. Elle fait ça quand son mari est à la maison. Il travaille quelque part en province. Il gagne plein de fric et quand il rentre il lui fait vivre l'enfer. Elle est un peu toquée, voilà. Elle est toujours sur son trente et un, et on ne pourrait jamais penser que c'est une voleuse. Une fois elle s'est fait pincer. M. Featherstone, l'épicier, l'a surprise la main dans le sac. Elle lui avait piqué des biscuits. Le vol à l'étalage, ça, il ne supporte pas, et il voit rouge. Alors, sans rien dire, il a appelé les flics. Il y a eu un procès et tout ; mais elle s'en est tirée à bon compte. Ni prison ni rien. Après, elle a été très gentille. Elle est venue faire des excuses à tous les commerçants du coin. Personne n'a rien compris à cette histoire. Elle a dit qu'elle ne savait pas ce qui lui prenait ; elle m'a demandé de l'avoir à l'œil et de mettre sur son compte tout ce qu'elle pourrait encore me faucher. En fait, elle ne prend jamais que des bricoles de rien du tout. Et puis elle me donne plein d'argent pour Noël. Alors, qu'est-ce que tu veux que je lui dise ? Qu'est-ce que c'était comme Bic ? Un fantaisie ou un ordinaire ?

Il se passe une foule de choses chez une marchande de journaux. Je n'aurais jamais imaginé qu'une femme aussi élégante et aussi distinguée puisse être une voleuse.

Ce fut un grand jour lorsque je revins le soir avec plein d'argent dans ma poche. Un jour mémorable ! J'aurais gambadé tout au long du chemin si j'avais eu moins mal aux pieds. Je m'imaginais quelques années plus tard, indépendante, gagnant bien ma vie, libre, et je fis des projets : je ferais des économies, j'ouvrirais un compte en banque, je m'achèterais un radiocassette. Puis je passai devant la pâtisserie. Elle est là depuis toujours. Elle se

proclame « Pâtisserie continentale », mais les gâteaux qu'on y trouve et qui font qu'on s'arrête chaque fois qu'on passe devant n'ont rien d'exotique et sont plus appétissants les uns que les autres. Quand j'étais petite, mon rêve était d'y entrer un jour, de désigner la vitrine et de dire posément :

– Le gros, là, au milieu, s'il vous plaît, madame !

Ce jour-là, le gâteau qui trônait au centre était en chocolat, enturbanné de crème chantilly, parsemé d'amandes pilées. Je ne sais vraiment pas ce qui m'a pris mais je n'ai pu résister et, avant d'avoir compris quoi que ce soit, je me retrouvai sur le trottoir, un grand carton dans les mains. Je me sentais un peu folle. Il y en avait trop pour cinq personnes même si, exceptionnellement, papa avait été là ; et comme maman faisait toujours des saucisses avec des œufs et du bacon le samedi soir, c'était si nourrissant qu'il n'y avait plus de place pour un dessert. Mais j'étais sûre que Ben aimerait mon gâteau. Je le voyais déjà se lécher les doigts, le regard émerveillé, comme s'il avait fait une découverte fantastique. De toute façon, c'était pour moi un jour de fête. Je voulais leur faire comprendre à tous que je venais de faire un pas en avant dans ma vie.

Je fus surprise de voir à quel point on s'habitue à ce qui est nouveau. Après deux ou trois samedis chez Mme Chapman, j'avais le sentiment d'être là depuis des années. Bien sûr, c'était fatigant, surtout au début. Je pensais sans cesse aux articles, à la monnaie à rendre, aux prix et au maniement de la caisse enregistreuse pour faire aussi bien que Mme Chapman. Les premières fois, je rentrais épuisée et je m'écroulais sur mon lit, à l'heure même où Miranda commençait sa ronde de nuit. Le dimanche, je me réveillais tard et tâtais doucement mes jambes sous les couvertures pour m'assurer qu'elles étaient toujours là. J'avais au moins compris une chose : à partir du deuxième samedi, je mis mes plus vieilles chaussures, les plus plates, les plus confortables et tant pis pour l'élégance. Une fois habituée, j'aurais pu faire mon travail les yeux fermés. C'était très agréable de travailler pour Mme Chapman. Je m'efforçais de bien faire parce que je l'aimais beaucoup et parce qu'elle avait vraiment besoin de mon aide. Elle était facile à vivre et, comme j'avais tendance à faire plus qu'elle ne m'en demandait, tout allait parfaitement. J'étais fière de cette boutique comme si elle avait été à moi. Je m'amusais à mettre de l'ordre jusque dans les plus petits recoins que personne n'avait nettoyés depuis des années. Je cessai de raconter tout cela à maman le jour où elle voulut savoir pourquoi je ne faisais pas la même chose dans ma chambre. Mais, bien sûr, ce n'était pas pareil. Maman aurait dû le comprendre. Car Mme Chapman me donnait un peu d'argent en plus chaque fois que je faisais un travail supplémentaire. Il m'arrivait aussi de décrasser le dessous du comptoir, de laver la vitrine avant de tout remettre en place. Si maman avait eu l'idée de le faire, bien des choses auraient été différentes à la maison.

Alors que nous étions le deuxième samedi de novembre, le téléphone sonna dans l'arrière-boutique. Mme Chapman était en train de défaire un paquet de cartes de Noël. Elle décrocha et je l'entendis qui disait :

– Ah ! c'est vous, Mme Peacock !

Et puis il y eut un silence, tandis que maman parlait à l'autre bout du fil.

– Très bien. Je comprends. Je vous la passe ou je fais le message ? demanda Mme Chapman.

Il y eut à nouveau un long silence, et elle ajouta :

– Ne vous inquiétez pas, c'est plutôt calme aujourd'hui. Elle sera chez vous dans quelques minutes.

J'ai aussitôt pensé qu'il était arrivé quelque chose. Mais Mme Chapman n'avait pas l'air bouleversé tandis qu'elle se frayait un chemin entre les présentoirs pleins de journaux qui encombraient le passage.

– C'était ta maman, dit-elle. Il faut que tu fasses un saut à la maison. Elle doit emmener Ben à l'hôpital pour un contrôle. Et puis il y a ta sœur qui a de la température. Elle ne va pas très bien et ta maman pense que tu devrais t'en occuper.

Je dus faire une drôle de tête, car Mme Chapman eut un de ses petits rires étouffés.

– C'est le prix de la popularité, ma chère, dit-elle. Tout le monde te réclame ce matin !

D'APRÈS MAMAN, KATY AVAIT LA GRIPPE ET LE DOCTEUR PENSAIT QU'IL S'AGISSAIT D'UN VIRUS. C'est ce qu'il disait chaque fois. On peut être tout bleu avec des plaques vertes, avoir la tête qui éclate, tousser comme le Vésuve en pleine éruption, c'est toujours un virus et la seule chose qu'il puisse faire c'est de vous conseiller de rester bien au chaud et de boire beaucoup. Je préfère les maladies qui ont des noms répertoriés comme la varicelle ou les oreillons. Vous savez au moins ce que vous avez. Puis ce fut mon tour. J'eus de la fièvre et je me sentis très fatiguée pendant deux jours, mais ce fut moins grave que pour Katy. Je ne suis restée au lit qu'un jour, ensuite j'ai traîné en bas, dans la salle de séjour et j'en ai profité pour essayer de finir une tapisserie représentant deux poneys que tante Janice m'avait offerte pour mon anniversaire. Ce qu'elle ignorait, c'est que je ne raffolais pas des poneys. Elle avait adoré ça à mon âge et pensait que c'était également mon cas. C'était trop tard pour lui expliquer quoi que ce soit. Elle m'avait déjà offert des tas de choses concernant les chevaux. De toute façon, les parties intéressantes du motif étaient déjà terminées, il ne restait que des petits bouts d'arrière-plan sans intérêt, alors autant m'arrêter. Je restais allongée sur le canapé avec un livre, tout en gardant Ben, tandis que maman était occupée à l'étage supérieur.

Dans notre salle de séjour trône une bibliothèque dont le haut n'est occupé que par des livres au format de poche. Au milieu, la Bible, Shakespeare, et des dictionnaires flanqués de quelques bibelots. En bas, ce sont d'énormes volumes dont *Le Journal de campagne d'une dame de l'époque edwardienne* et un album de numéros de *Vogue* reliés que mamie avait acheté aux puces, pour l'anniversaire de maman. La plupart de ces gros livres ont des couvertures très colorées. Je pense que c'est ce qui attirait Ben.

Il avait appris à se déplacer tant bien que mal en se roulant par terre. Marcher à quatre pattes semblait lui poser un problème, comme s'il pensait qu'il était trop difficile pour lui d'essayer de se déplacer à l'aide des mains et des genoux. C'est très compliqué d'expliquer comment il s'y prenait, mais vous le laissiez occupé à mâcher la frange du rideau, et deux secondes plus tard il se retrouvait à l'autre bout de la pièce, dans l'armoire. A son âge, la plupart des enfants marchent depuis longtemps, mais il faut reconnaître que Ben se déplaçait à une vitesse étonnante sur le lino de la cuisine, plus vite que sur le tapis, certainement grâce à la surface lisse du matériau. Cependant ce matin-là j'étais si occupée à lire mon roman que j'en oubliai Ben. J'en étais au passage où la fille du mineur vient de s'enfuir. Elle a gagné Londres par la diligence, elle arpente les rues à la recherche d'un modeste logis, en proie aux appétits coupables et à la dépravation de quelques aristocrates aux mœurs dissolues et autres vils séducteurs. J'adore les romans historiques. Cela fait rêver. Tout semble plus dramatique, plus beau, plus éclatant, comme au théâtre. Soudain un bruit d'enfer m'a tirée de ma lecture. Ben avait fait tomber toute la rangée inférieure de gros livres.

– Non ! ai-je crié d'une voix forte.

Il sursauta, tressaillit puis me regarda. Son menton frémit et je crus qu'il allait se mettre à pleurer, mais au bout d'un moment une lueur de vivacité et de curiosité passa sur son visage. Il étendit la main pour toucher un des livres.

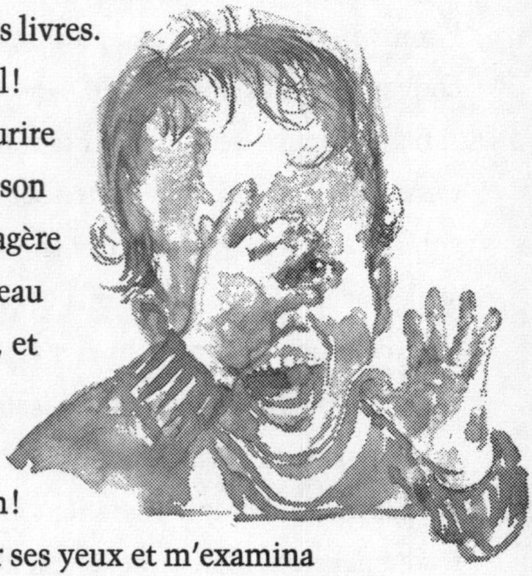

– Non ! Ben, dis-je. C'est mal !

Ses yeux pétillaient. Un sourire insolent et ironique illumina son visage, et il s'approcha de l'étagère en se roulant, étendit à nouveau la main tout en me regardant, et attendant que je lui dise non.

– Non ! Ben, ai-je répété, en essayant de ne pas sourire, non !

Il s'arrêta, mit les mains sur ses yeux et m'examina à travers ses doigts en gloussant de plaisir. Tout différent qu'il était, Ben ne manquait certainement pas d'humour.

Je savais qu'il ne s'arrêterait pas de sitôt ; il était parti pour jouer des heures mais moi je commençais à en avoir assez; je remis de l'ordre dans les gros livres, j'allai dans la cuisine lui chercher un biscuit, puis je plaçai quelques chaises devant la bibliothèque pour l'empêcher de recommencer. Il s'assit aussitôt, grignota son biscuit, joua avec son lapin en peluche qu'il jetait et reprenait dans la corbeille à papier et je me remis à lire. Si j'avais su! Si seulement j'avais pu comprendre! J'aurais joué avec Ben jusqu'au soir, aussi longtemps qu'il l'aurait voulu.

Je dormis un peu dans l'après-midi. A mon réveil, je l'entendis qui pleurnichait. Cela durait et je n'entendais pas la voix de maman. En pensant qu'elle était sortie un instant j'allai voir. Maman était là, dans son fauteuil préféré, avec Ben sur les genoux. Elle essayait de lui donner à boire, mais il était tout rouge et tout fébrile, et ne cessait de repousser le gobelet.

– Il l'a attrapée, dit maman. Je le savais. Le docteur dit qu'il faut le garder bien au chaud et lui donner à boire, encore des nuits blanches en perspective! Et ton père qui n'est jamais là quand on a besoin de lui!

Dans la soirée, l'état de Ben s'était aggravé. Il s'agitait et gémissait tandis que sa fièvre montait. Je n'y attachai pas trop d'importance, car ce n'était pas la première fois. Katy avait paru beaucoup plus malade la première nuit et, deux jours plus tard, elle était de nouveau en pleine forme. Elle avait mis une vieille robe de chambre de maman et criait:

– Regarde! Regarde-moi, Anna! Tu ne trouves pas que je ressemble à Lady Di?

Maman donna du paracétamol à Ben, et cela le calma un peu. Puis, avant de le mettre au lit, elle me le confia et je lui chantai les chansons qu'il aimait. Il connaissait déjà *The Teddy Bear's Picnic*, ainsi que *Hark the Herald Angels* et, bien sûr, *Happy Birthday to You*. Il arrivait même à battre la mesure. Je le berçai doucement, tout en chantant, puis il ralentit son battement et enfin sa tête retomba sur mon épaule. Il dormait. Maman vint alors le reprendre et le mit dans son petit lit tout chaud et douillet, un vrai petit lit de bébé.

C'est le claquement de la porte qui me fit sursauter, je pense, sans pour autant me réveiller. J'entendis vaguement les pas de maman qui descendait l'escalier, et les cliquetis du cadran téléphonique. La voix de maman, haute et désespérée, se confondait avec un rêve d'hôpital et avec le souvenir de la naissance de Ben.

– Docteur Randall ? C'est Mme Peacock. Excusez-moi de vous déranger en pleine nuit, mais Ben respire très mal et je n'arrive pas à le réveiller. Pourriez-vous... s'il vous plaît... je suis très inquiète. Et mon mari n'est pas là. Oh ! merci, docteur. Dans un quart d'heure ?

Maman raccrocha et remonta en courant dans la chambre de Ben. Je me rendormis aussitôt profondément, le rêve et la réalité rejoignant le néant. C'est probablement le sirop contre la toux que maman m'avait donné qui m'avait complètement abrutie cette nuit-là. Je n'entendis pas le docteur arriver, ni son intervention auprès de Ben, ni les coups de téléphone que maman donna à l'hôtel où papa était descendu, ni ses premiers cris de désespoir.

Je me souviens qu'elle est venue à 6 heures du matin dans ma chambre. Elle s'est allongée à mes côtés et a immédiatement fondu en larmes.

Elle n'eut pas besoin de me dire pourquoi elle pleurait ainsi. Je m'étais réveillée avec un poids terrible sur mon cœur. Je savais que Ben était mort, comme si Dieu en personne me l'avait signifié. Ne pouvant pas pleurer, je restais étendue, figée, les yeux secs, pétrifiée par le choc. Je n'arrivais pas à me souvenir de son nom ni de son visage. Je n'arrivais plus à me rappeler comment il était. Je me demandais qui était cette femme qui était entrée dans ma chambre et s'était allongée sur mon lit. Un seul mot hantait mon esprit, empêchant toute autre pensée : « Non ! Non ! Non ! » Un petit bruit me fit soudain sursauter. Katy se tenait à la porte, les yeux dilatés, la bouche tremblante.

– Qu'est-ce qui se passe ? Pourquoi maman pleure comme ça ?

Alors maman se redressa et étendit les bras où Katy se précipita. Elle pleurait déjà par compassion, avant même de savoir pourquoi.

– Ben a été très malade, dit maman.

Je ressentis soudain une joie folle et insensée. Avais-je mal compris ? Y avait-il encore de l'espoir ? Katy attendait sans rien dire. Moi aussi j'attendais, le cœur battant, pour entendre ce que je savais déjà.

– Il est parti, dit maman. Il nous a quittés cette nuit.

– Que dis-tu maman ? demanda Katy.

Katy ne pouvait pas accepter simplement les choses, il fallait tout lui expliquer, noir sur blanc.

J'entendis ma propre voix, sèche et dure :

– Maman veut dire qu'il est mort.

Elle éclata alors en sanglots, puis elle s'assit sur les genoux de maman en essayant de la consoler maladroitement.

– Tu m'as encore, moi, dit-elle. Et Anna aussi, ajouta-t-elle, comme pour réparer un oubli. Ne pleure pas, maman. Je ne veux pas que tu pleures. S'il te plaît, ne pleure pas !

La sonnerie retentit alors et maman tourna la tête.

– C'est l'infirmière. Restez ici toutes les deux. J'y vais. Je vous en prie, restez là, ne sortez pas. Anna, occupe-toi de Katy.

Je lui fis un petit signe et elle est sortie.

Katy resta encore un bon moment à sangloter en y mettant cependant de moins en moins de conviction. De toute évidence, elle pensait que c'était la chose à faire, mais je savais qu'elle était plus excitée qu'attristée et en même temps remplie de curiosité.

– Pourquoi ne pleures-tu pas, Anna ? dit-elle enfin. Ça ne te fait rien ?

Je ne réagis pas. Cela ne valait pas la peine de répondre. Ben n'avait jamais été pour Katy ce qu'il avait été pour moi. Et, de toute façon, je n'aurais pu parler à personne. J'entendis l'eau couler dans la salle de bains, des pas résonner dans l'entrée, et puis une voix de femme inconnue qui prononçait des mots apaisants. Enfin les pas s'éloignèrent et maman revint dans ma chambre.

– Tu peux descendre, dit-elle. Ton petit déjeuner est prêt. Papa va bientôt arriver.

La seule idée du petit déjeuner me paraissait insupportable.

Penser à la nourriture me révoltait. Mais c'était l'heure. On se lève, on s'habille, et on prend son petit déjeuner. Voilà ce qu'on fait, même s'il y a un décès dans la maison. Si jamais on ne le fait pas, la vie s'arrête alors complètement. J'avalai mon thé sans trop savoir comment, essayant même de manger un peu de pain grillé. Katy avala un grand bol de corn-flakes, puis en redemanda mais elle n'avait que dix ans. Ensuite maman téléphona à nouveau et je l'entendis qui parlait à mamie; enfin elle alla dans sa chambre et moi dans la mienne. La maison était inhabituellement calme et silencieuse. « Ce sera toujours comme ça, me dis-je alors. Comme le bruit que faisait Ben va nous manquer! »

J'ouvris la porte et me glissai doucement dans la chambre de Ben. Les rideaux étaient tirés. Une lumière blafarde filtrait du dehors. L'infirmière avait déplacé le petit lit. Il était là, perdu, au milieu de la chambre. De là, Ben n'aurait pas pu voir les pigeons qui picoraient déjà sur le rebord de la fenêtre.

– Je te remets à ta place, n'aie pas peur, dis-je à voix basse.

Et puis je l'ai regardé.

C'était bien lui, il était là, endormi. Sauf que le lit était anormalement bien fait. Une de ses mains reposait sur la couverture, les doigts légèrement repliés, détendus. L'infirmière avait brossé ses cheveux et les boucles soyeuses encadraient sa grosse tête veinée de bleu. « Troubles respiratoires », avait dit maman au téléphone. J'avais craint de voir son visage défiguré par la souffrance. Mais ce n'était pas le cas. Son visage était calme et heureux.

Mon pied heurta quelque chose de moelleux. C'était le petit lapin en peluche que je ramassai et posai à côté de lui.

– Tiens. C'est à toi, dis-je. C'est ton petit lapin.

Ma main frôla sa joue. Elle était froide, tout à fait froide. C'était donc vrai. Il n'était plus possible de croire qu'il allait se réveiller dans une minute et qu'il tendrait les bras pour qu'on le soulève. C'est alors que je compris qu'il était mort. Mais je savais, même à cet instant, qu'il était toujours avec moi, toujours proche, et qu'il m'aimait toujours. Son esprit était encore là, il flottait dans les airs comme un parfum qui serait demeuré là.

Alors je me mis à genoux à côté du petit lit et caressai doucement la main de Ben, doucement, car j'avais peur de lui faire mal. Je lui parlai. Je lui dis une foule de choses. Comment je l'avais aimé tout de suite quand je l'avais vu pour la première fois. Je lui dis qu'il était un petit frère idéal et que je ne l'avais jamais voulu différent. Et que je l'aimerais toujours, jusqu'à la fin de ma vie. Et puis je l'embrassai pour lui dire adieu, et alors le bloc de glace qui était dans ma gorge fondit. Je courus dans ma chambre et je me jetai sur le lit. C'est là que papa me trouva, un peu plus tard. Et c'est en le voyant que j'eus enfin la force de pleurer. Je ne pus me retenir et nous avons pleuré tous les deux, longtemps, jusqu'à la dernière larme.

J'IGNORE SI VOUS SAVEZ CE QU'EST UN ENTERREMENT. VOUS PENSEZ CERTAINEMENT QU'IL S'AGIT DE QUELQUE CHOSE DE SINISTRE et de terrifiant. Mais si vous avez assisté à l'enterrement d'un être aimé, vous avez sûrement éprouvé, comme ce fut le cas pour moi, une sorte de soulagement. C'est un peu comme lorsqu'une infirmière nettoie une vilaine plaie avant de faire le pansement. Vous avez mal lorsqu'on y touche et la douleur dure un certain temps, mais ensuite vous allez mieux.

Les jours qui précédèrent les obsèques furent très pénibles. Nous vivions dans une atmosphère étrange, submergés de lettres et de cartes qui arrivaient d'un peu partout. Papa et maman étaient sans arrêt au téléphone; je ne cessais quant à moi de penser à Ben, gisant dans sa petite chapelle, non loin de chez nous.

Mais il y avait aussi l'école. Papa téléphona à Mme Gordon qui prévint tout le monde, aussi n'aurais-je pas à apprendre moi-même la triste nouvelle. Tout le monde se montra très touché, très embarrassé et ne savait que dire. Mes camarades me traitèrent comme si j'étais infirme ou trop fragile pour supporter le moindre bruit ou la moindre brusquerie ; elles me parlaient à voix basse, étaient pleines d'égards, ce qui était épouvantable, ou bien encore elles m'évitaient carrément. J'aperçus Sandra qui, en me voyant dans le couloir, courut aussitôt vers la salle de gym. C'est une grande sportive qui excelle au hockey, mais qu'un problème surgisse et il n'y a plus personne. Je pensais que Miranda comprendrait mieux, mais elle avait la grippe. Elle m'envoya un petit mot gentil, qui me fit pleurer et je vis qu'elle était malheureuse de la mort de Ben qu'elle avait aimé sincèrement. Mais c'est Debbie, l'imprévisible, la raisonnable Debbie, qui me surprit le plus.

– Je n'ai pas la prétention de savoir ce que tu ressens, me dit-elle d'une voix sourde quand, assises sur le radiateur, nous attendions le cours de Mme Hamilton. Je ne trouve rien à te dire et je ne sais même pas si tu as envie d'en parler. Désires-tu en parler, dis-moi ?

J'appréciais beaucoup sa manière directe. Au moins Debbie ne choisissait-elle pas de se dérober. Elle allait droit au but, balayant tous les obstacles de sa magnifique crinière, et sans comprendre pourquoi tout le monde n'en faisait pas autant.

– Raconte-moi ce qui s'est passé, dit-elle. As-tu été avec lui tout le temps ? Est-ce qu'il a pleuré ? Est-ce qu'il a eu mal ?

Je me mis alors à parler, en hésitant tout d'abord, puis en me laissant aller sans pouvoir m'arrêter, ne m'interrompant que pour emprunter un mouchoir en papier à Debbie puis un autre. Je m'étais mise à pleurer en racontant la dernière journée, et puis l'affreux dernier matin, quand tout fut fini.

Je mis du temps avant de m'apercevoir que toutes les filles étaient assemblées autour de nous et nous écoutaient dans le plus grand silence. Je n'y avais pas pris garde, je parlais sans m'interrompre et je me surpris à répéter sans cesse les mêmes choses.

– Pourquoi ? Pourquoi lui a-t-il fallu naître comme ça ? C'est injuste. Pourquoi est-il mort ? Et Dieu, comment a-t-il pu faire souffrir un enfant comme ça ? Où Dieu était-il quand il est mort ?

Mes questions restaient sans réponse. Debbie elle-même n'essayait même pas de répondre. Je vis la prude Lucy faire la grimace à la recherche d'une citation de la Bible à mon intention. Elle est très croyante et s'imagine avoir réponse à tout. Mais soudain la belle voix d'airain de Mme Hamilton retentit. Elle devait être là, au fond de la classe, depuis un moment déjà. J'entendis alors :

Ainsi va le temps qui vous prend
Votre jeunesse, vos joies, tout ce que vous avez,
Et ne vous paie que de terre et de poussière.

Elle croit toujours avoir un poème tout prêt sur le bout de la langue !

– Allez, venez ! dit-elle. Regagnez vos places. Anna vient de poser quelques questions très importantes. Nous allons essayer d'en parler ensemble.

J'étais furieuse car j'avais l'impression qu'elle me volait mes sentiments pour en faire le contenu de sa leçon d'anglais. Et pourtant cela ne se passa pas comme ça et ce fut assez réussi. Si

Mme Hamilton ne devient jamais actrice, elle pourra toujours trouver une place à la télé en animant un de ces fameux débats où les gens, dressés les uns contre les autres, finissent par se quereller sur commande, avec un arbitre pour mener tout le monde. Cependant, l'école me fit du bien. Tout n'était pas vraiment redevenu normal, mais la glace était en quelque sorte rompue. A la maison, c'était beaucoup plus difficile. Maman était d'humeur très instable, avec des hauts et des bas. Par moments, elle n'arrêtait pas de parler à qui voulait bien l'écouter, ce qui ne lui ressemblait pas du tout ; puis soudain c'était le mutisme, elle allait dans sa chambre et ne répondait pas à nos questions. Nos voisins ne nous étaient pas d'une grande aide. Ils étaient presque tous comme les filles de ma classe, trop embarrassés pour dire quoi que ce soit, ils nous fuyaient. Mme Russel, notre voisine la plus proche, essaya d'être gentille avec nous. Elle nous apporta des petits cadeaux, un bouquet de fleurs et des petits gâteaux qu'elle avait faits elle-même, ce qui prouvait bien qu'elle pensait à nous et compatissait. Mais elle finit par tout gâcher le jour où elle dit à maman :

– Vous vous remettrez bientôt. C'est tout de même une délivrance, non ?

Cela rendait maman folle. Elle avait pourtant dit à mamie que désormais le pauvre Ben ne souffrait plus, mais elle ne supportait pas que d'autres gens le disent. Et elle savait, comme nous le savions tous, que nous ne nous en remettrions jamais, parce qu'on ne se remet jamais de rien. On finit par vivre avec, c'est tout. Et Mme Russell raviva encore plus la douleur en affirmant qu'elle comprenait mieux que quiconque, son mari étant mort l'année dernière, ce dont elle ne cessait de parler. Je ne pouvais m'empêcher de penser qu'elle venait sans cesse nous voir parce qu'elle était seule et avait besoin de compagnie. La seule chose qui l'intéressait c'était de parler du cher disparu.

Katy était devenue difficile et d'humeur changeante. Tantôt larmoyante, tantôt enjouée, elle voulait se faire remarquer à tout prix. Je n'eus pas du tout la patience de m'occuper d'elle. Mais, deux jours avant l'enterrement, je la trouvai recroquevillée dans son placard où elle se réfugie souvent quand elle est triste ; elle était si calme et abattue que j'eus pitié d'elle.

– Qu'y a-t-il, Katy ?

Sans rien dire, elle me tendit le petit bambi de porcelaine que mamie lui avait offert pour ses trois ans. C'était son plus cher trésor. Elle disait toujours que s'il y avait le feu et qu'elle ait le temps de n'emporter qu'une seule chose, c'est lui qu'elle emporterait.

– Qu'est-ce qui t'arrive ? demandai-je. Tu l'as cassé ?

Elle secoua la tête. Je m'assis par terre et attendis. Il faut toujours laisser du temps à Katy, afin qu'elle puisse parler. Elle est du genre à tout dire et à ne rien garder pour elle. Ce n'est pas comme moi.

J'imagine souvent qu'on me torture sans que je livre jamais le nom de mes compagnons d'armes. Je saurais me taire pour de bon, c'est sûr. C'est certainement l'une de mes principales qualités.

Katy s'est enfin mise à parler. Elle se sentait coupable parce qu'elle n'avait jamais permis à Ben de toucher à son bambi, alors qu'il avait très envie de jouer avec. Il l'avait souvent montré du doigt en pleurnichant, mais elle l'avait toujours tenu hors de sa portée, et s'était toujours sauvée avec. Il lui était même arrivé de le taquiner avec son bambi pour le faire pleurer. Mais maintenant elle était si désespérée et regrettait tant ce qui s'était passé qu'elle avait envie de donner son bambi à Ben, pour toujours. J'étais un peu choquée et trouvais cela assez indécent. Mais Katy se mit à pleurer sans pouvoir s'arrêter et papa arriva alors. Je lui expliquai tout, il réfléchit et, à ma grande surprise, prit le parti de Katy. Il dit que c'était une très belle idée, qu'il l'emmènerait dans l'après-midi et qu'ainsi elle pourrait voir Ben dans la chapelle où il reposait. Papa n'a jamais été capable de refuser quoi que ce soit à Katy. C'est certainement là son plus gros défaut. Je ne sais pas pourquoi, mais je déclarai que je voulais y aller aussi. Je pense que c'est parce que j'étais très perturbée et que je ne cessais de penser à mon frère. Tout me poussait vers Ben, comme si j'étais reliée à lui par une sorte de lien invisible.

Je n'imaginais pas combien le cercueil était petit ! Il était posé sur une grande table, tout blanc avec des poignées d'argent, et quand M. Roberts, l'entrepreneur, souleva le couvercle, je vis qu'il était doublé de satin blanc. Cela m'a rassurée car il ressemblait à un petit lit douillet. J'ai regardé Ben, m'attendant à le trouver tel que je l'avais vu la dernière fois, mais il n'était plus le même. Son visage me parut tiré et cireux. Cependant, ce qui avait vraiment changé c'est qu'il était parti à jamais. Son esprit s'était enfui en emportant cette ineffable douceur flottant dans les airs. Il ne restait qu'une coquille vide dans une boîte, inconsistante comme une chrysalide abandonnée par un papillon. Je me sentais reconnaissante envers Katy ; j'étais heureuse de revoir Ben. J'entourai Katy de mon bras pour que nous le regardions ensemble. Katy se blottit contre moi. Je l'avais rarement cajolée, mais cette fois-ci cela me fit plaisir. J'éprouvai un élan d'amour pour elle. Elle me regarda et me dit :

– C'est moi la plus jeune maintenant, n'est-ce pas, Anna ?

Je me rendis alors compte que Katy aussi avait souffert. Ben lui avait volé sa maman durant deux longues années de son enfance. Il m'avait aussi volée à Katy. Je n'avais pas eu de temps pour elle, quand il était parmi nous. Je serrai ses épaules.

– Alons-y maintenant, où est ton bambi ? lui demandai-je.

Elle le tira de sous son sweat-shirt, l'embrassa, fit une petite caresse à son dos glacé, puis elle le déposa auprès de Ben.

– Tu crois qu'il sait ? dit-elle.

– Oui, bien sûr qu'il sait, ai-je répondu.

Ce qui était extraordinaire, c'est que je pensais absolument ce que je disais.

– Il sait, et il est très content. C'est très bien ce que tu as fait.

Le jour de l'enterrement le soleil brillait.

C'était un de ces jours qui annoncent l'hiver, où tout est doré et lumineux. Les baies rouges, les toiles d'araignée, les feuilles jaunes enroulées, les graines brunes et bulbeuses composaient une sorte de nature morte offerte à nos regards. J'avais imaginé un temps triste et sombre pour le jour de l'enterrement, avec un ciel bas et lourd et des arbres ruisselants sous la bruine.

Tout avait mal commencé. Je voulais mettre des vêtements noirs ou, du moins, aussi foncés que possible. Je les avais choisis avec soin. Papa dit alors que les gens ne portaient plus de vêtements de deuil de nos jours mais j'y tenais. Cela me paraissait normal. Mais maman n'était pas d'accord non plus; elle devint bizarre. Nous avons discuté stupidement et elle dit :

– Tu t'habilles comme tu veux, mais moi je mets mon manteau rouge, quoi que tu en dises. Ben en aimait beaucoup le col de fourrure. Il le caressait tout le temps.

Puis elle se mit à pleurer et, me rendant compte que j'avais manqué de tact, je me tus. Je voulus lui prêter mon écharpe rouge pour me faire pardonner, mais quelque chose me disait que ce n'était pas une bonne idée. L'église était pleine de fleurs. C'était étrangement beau, comme un mariage. Il y avait beaucoup de monde, tous les amis de papa et maman, et puis les gens qui habitaient la même rue que nous. Mme Russel s'était assise aussi près que possible des rangs réservés à la famille, ce qui semblait la réjouir.

Lorsque M. Henderson fit son entrée, je le trouvai changé. Plus solennel peut-être, mais aussi plein d'autorité et de maîtrise de soi. Lui comprenait certainement ce qui se passait. Je me sentais comme dans une maison inconnue, où j'aurais enfin trouvé quelqu'un qui en aurait eu les clés. M. Henderson avait les clés, pas celles de l'église, naturellement. Mais je pense surtout qu'il détenait la clé de certains secrets de la vie et qu'il savait les expliquer.

Je ne me souviens pas de tout ce qui s'est passé durant la cérémonie. Mais je n'oublierai jamais le petit cercueil étincelant, baigné de soleil, que le vitrail multicolore éclaboussait de mille éclats comme des pierres précieuses, et rehaussé de fleurs blanches et jaunes. Et je me souviens aussi des paroles qui, roulant majestueusement comme les vagues de l'océan, finissent par se briser sur la grève, et je me rappelle que je n'avais plus envie de blasphémer ni de demander à Dieu où il était la nuit où Ben est mort. J'ai eu le sentiment que la réponse existait quelque part et que je la connaîtrais un jour, il me sembla que Dieu m'aimait bien, que je devais lui faire confiance et laisser Ben aller vers lui, là où un jour j'irais moi aussi. A la fin du service, tout fut silencieux. Le pasteur promena son regard sur nous tous, il sourit puis conclut, d'une voix puissante et assurée :

Heureux ceux dont le cœur est pur,
car ils iront à la rencontre de Dieu...

Ce n'était qu'une citation, bien sûr, extraite de la Bible, je suppose. Mais cela correspondait parfaitement à Ben, dont le cœur était pur. Cela fit à nouveau pleurer maman, qui saisit le bras de papa. Je me pris à hocher la tête, et Katy me regarda et sourit. Je savais qu'elle sentait tout comme moi que Ben était protégé et qu'il était heureux, là où il était.

CHAPITRE DOUZE

JE NE GARDE QU'UN VAGUE SOUVENIR DES SEMAINES QUI SUIVIRENT L'ENTERREMENT DE BEN. C'ÉTAIT AU MOIS DE NOVEMBRE ET il devait faire gris, froid et humide. Mais je ne devais guère prêter attention au temps qu'il faisait, pas plus qu'à ce qui se passait à l'extérieur. Une douleur profonde et sourde pesait sur ma poitrine, et rien d'autre n'avait d'importance.

Le plus étrange était que la vie semblait continuer tout à fait normalement à l'école. Je n'aurais pas su expliquer à qui que ce soit que tout avait changé pour moi et que rien ne serait plus comme avant. Je me sentais différente des autres, comme si je m'étais mise à parler une langue jusque-là inconnue, comme si je portais de nouvelles lunettes ou comme si la vie avait pris pour moi une autre dimension.

Au bout de quelques semaines, tout le monde eut l'air de penser que c'était fini, que j'avais surmonté mon chagrin. Les gens cessèrent alors de se montrer gênés ou trop empressés. Dans un sens, cela m'aida. Il me fallut reprendre alors les mêmes choses, jouer au hockey, faire des progrès en français... être à peu près nulle en maths.

Mais pendant tout ce temps, tandis que je faisais semblant d'être comme tout le monde, je portais en moi cette peine inexorable et inconsolable. Il arrivait parfois qu'elle m'abandonne. Certains jours, au réveil, je me sentais comme avant et je me disais : « C'est formidable ! Je ne me suis pas sentie aussi bien depuis longtemps. Comment cela se fait-il ? »

Et puis je me souvenais et je sentais à nouveau ce poids dans ma poitrine, qui se faisait plus lourd que jamais. Pourtant dans la journée il m'arrivait d'oublier Ben, par exemple en lisant *Crime et Châtiment*, ou en discutant d'un sujet d'actualité brûlant, tel que l'avortement, et puis soudain je me rendais compte que je n'avais pas pensé à Ben depuis une demi-heure. Au début, je me sentais coupable, comme si je l'avais trahi ; je me mettais alors à chuchoter : « Pardonne-moi. Tu sais, je ne t'ai pas oublié. Je ne t'oublierai jamais. »

Et puis, imperceptiblement, les moments où je ne pensais pas à Ben devinrent plus longs, et ceux où j'y pensais plus brefs. Et quand je l'évoquais, j'arrivais de moins en moins bien à me rappeler son visage, j'avais de plus en plus de mal à retrouver le son de sa voix ou l'odeur de ses cheveux quand on venait de les lui laver.

Heureusement, les choses allaient mieux à la maison. Papa avait un nouveau poste. Il partait de bonne heure tous les matins pour rentrer tard dans la soirée. Mais il ne voyageait plus, c'était l'essentiel. Maman cessa alors de lui faire des scènes. En fait, ils semblaient être redevenus amoureux l'un de l'autre, comme des tourtereaux, au point qu'il n'y avait plus de place pour qui que ce soit d'autre. Il ne faut pas me juger mal. Je n'ai jamais vraiment souhaité leur séparation. Et même la dernière chose que j'aurais souhaité, c'est qu'ils divorcent. Ce que je leur reprochais c'était d'avoir l'air de n'exister que l'un pour l'autre. A l'époque où papa s'absentait beaucoup, maman me parlait et venait discuter avec moi, ce qu'elle ne faisait plus maintenant. Peut-être pensait-elle que cela m'aurait fait du mal. Et pourtant, même quand je la savais malheureuse, elle me jouait la comédie et prétendait me remonter le moral. Elle ne se laissait aller aux confidences qu'avec papa et c'était réciproque. Personne ne semblait avoir besoin de moi, pas même Katy. Mais Katy, il est vrai, n'était qu'une enfant. Les personnes extérieures à la famille ne se comportaient pas mieux. Ceux qui venaient à la maison ne songeaient qu'à réconforter maman, et en un sens c'était normal, mais personne ne semblait penser que moi aussi j'avais du chagrin. Peut-être n'était-ce pas normal qu'une grande sœur aimât son petit frère comme j'avais aimé Ben. C'est possible. Les visiteurs ne furent pas très nombreux dans les premières semaines. M. Henderson téléphona plusieurs fois. Puis le personnel de la garderie où Ben avait séjourné est venu. Mais Mme Russel ne cessait de nous importuner. Deux jours seulement après l'enterrement, elle entra par la porte de la cuisine et dit à maman :

– Qu'est-ce que vous allez faire de ses vêtements, de ses jouets, de son petit lit ?

Maman rougit, puis répondit sèchement :

– Nous trouverons une solution, je vous remercie.

Et Mme Russel ajouta :

– C'est qu'il y a ma fille Sharon qui attend son petit troisième pour après Noël; cela l'arrangerait bien et lui reviendrait moins cher.

J'étais assise là, les poings serrés, espérant que Mme Russel tomberait morte sur le coup, ou que la foudre s'abattrait sur la maison pour empêcher maman de donner les jolies choses de Ben à cette horrible Sharon et à ses épouvantables rejetons qui avaient toujours la goutte au nez et qui pleurnichaient tout le temps. Mais j'avais tort de m'inquiéter.

– Je vous dirai si j'ai quelque chose de convenable, répondit maman, en serrant les lèvres et l'air exaspéré.

Mais ensuite chaque fois que je voyais Mme Russell, je pensais à sa tentative de s'approprier les affaires de Ben, et cela me mettait très en colère. A mes yeux, personne n'avait le droit d'y toucher. Elles étaient sacrées. Depuis l'enterrement, je n'étais pas retournée dans sa chambre. Je suppose que maman y allait pour faire le ménage, car il n'y avait pas de trace de poussière ou de quoi que ce soit d'autre. Je ne sais trop pourquoi, mais je redoutais d'y entrer. Je ne le souhaitais pas, même quand la porte était ouverte. En passant devant, pour aller dans ma propre chambre, je voyais le petit lit vide, le mobile suspendu à la lampe, et puis tous les animaux en peluche alignés sur la commode, et cela me choquait toujours douloureusement. Je ne pouvais alors m'empêcher de penser à ses vêtements soigneusement pliés dans leurs tiroirs, prêts à être portés comme le jour de sa mort. La chambre avait l'air triste et impersonnelle, comme avant un déménagement.

Finalement, c'est la présence des mites qui fit changer les choses. Je vis papa en écraser une dans l'escalier.

– C'est la deuxième en huit jours, dit-il en entrant dans la salle de séjour où j'étais censée faire mes devoirs tandis que maman séchait les cheveux de Katy. Il y en aura bientôt partout si nous ne faisons rien. Tu te souviens du manteau du père de Bill, tout mangé aux mites, que l'on avait laissé dans le placard pendant six mois ?

– Qu'est-ce que tu dis ? demanda Katy, l'air affolé. Tu veux dire que ça mange les vêtements ? Et mon nouveau caleçon disco, alors ?

C'est typique de Katy, toujours obsédée par ses vêtements. Je me demande d'où ça lui vient. Maman n'y attache pourtant pas beaucoup d'importance et moi non plus, je l'ai déjà dit.

– Ne sois pas stupide, dit maman, avec l'air de penser à autre chose. Personne ne mangera ton caleçon disco. Les mites ne s'attaquent qu'aux vêtements qu'on ne porte pas souvent.

Et je vis qu'elle regardait papa attentivement.

– Nous devrions faire quelque chose maintenant, ma chérie, dit doucement papa. Cela ne peut pas durer éternellement. A mon avis, le moment est venu. Qu'est-ce que tu en penses ?

Maman resta un moment sans bouger, tenant la brosse d'une main et le séchoir de l'autre, en équilibre au-dessus de la tête de Katy.

– Ouïe ! cria Katy, surprise par la chaleur.

Maman me tendit alors le séchoir et la brosse :

– Finis de lui sécher les cheveux, dit-elle.

Elle sortit de la pièce avec papa pour monter au premier.

C'en était trop ! C'était comme si plus rien ne comptait depuis plusieurs semaines déjà. Ils me repoussaient et me traitaient comme quantité négligeable. Je posai la brosse et passai brutalement le séchoir à Katy.

– Tu es assez grande pour te sécher les cheveux toute seule. Et même les sourcils si tu veux !

Je me précipitai dans la chambre de Ben, en poussant la porte avec fureur.

– Et moi ? Vous croyez que cela ne me concerne pas, moi ? Vous ne voulez même pas que...

Et soudain, en voyant maman, je me tus. Elle était assise par terre et tenait entre ses mains la salopette verte que Ben avait portée tout l'été dernier. Des larmes coulaient sur ses joues.

– Tu te rappelles, dit-elle en regardant papa, le jour où nous sommes allés à la fête foraine et qu'un imbécile lui a donné une barbe à papa ?

– Qu'est-ce que vous allez en faire ? dis-je, tandis que la colère me quittait pour faire place à de la tristesse. Je ne peux pas vous aider ?

– Tu peux, dit papa. Assieds-toi.

C'est étrange de dire une chose pareille, mais nous étions heureux ce soir-là, heureux d'une façon très particulière. C'était presque réconfortant de sortir et de toucher les petits tricots et les petits pyjamas. Durant les semaines passées nous nous étions sentis un peu comme lorsqu'on a un travail à faire et qu'on ne se décide pas à l'entreprendre. Une tâche qui demeure inaccomplie. C'était douloureux, mais très doux en même temps, comme le contact d'une plaie qui ne serait pas complètement refermée. Nous avons empilé soigneusement les vêtements en essayant de ne pas trop penser. Il nous est même arrivé de rire à travers nos larmes. Maman pleurait en revoyant le chapeau qu'elle avait confectionné pour Ben. Un drôle de chapeau, un peu trop grand, et comme étranger à tous ces vêtements de bébé.

– Il ne l'a porté qu'une fois, dit maman en le mettant de côté.

Une fois les tiroirs vidés, j'ai voulu savoir ce que nous allions faire de tous ces vêtements qui ne pouvaient pas rester là.

– Nous n'allons pas les jeter, a déclaré maman.

– Ni les donner à cette Sharon, dis-je avec assurance.

– J'ai trouvé, dit alors papa en regardant attentivement maman, comme s'il craignait sa réaction. Nous pourrions les porter au magasin qui vend des articles au profit du tiers monde.

Je voulus protester, mais n'en fis rien. J'eus soudain l'image d'un de ces enfants faméliques au ventre ballonné, tendant la main pour attraper un des vêtements douillets de Ben. Et cela me plut.

– Et si nous gardions une chose ou deux? proposai-je.

Papa eut l'air soulagé.

– C'est une bonne idée, dit-il sans cesser de regarder maman.

Sans un mot, elle tendit la main pour retirer d'une pile un petit cardigan rouge, une paire de pantoufles fourrées et une bavette brodée. Mais quand papa m'invita du regard à prendre quelque chose à mon tour, je ne pus le faire. Je n'eus pas la force de toucher à nouveau ces vêtements. Ils étaient froids et sans vie. J'eus soudain l'envie folle de partir, de sortir de la maison.

– C'est bien, dis-je en me levant, je suis d'accord avec le choix de maman.

Je sortis et les laissai seuls. Papa avait déjà commencé à mettre les vêtements dans des sacs en plastique, et il ne semblait pas avoir besoin de mon aide.

Il dut les porter au magasin de l'association en faveur du tiers monde le lendemain tandis que j'étais à l'école car, à mon retour, la chambre de Ben était vide. Même le petit lit avait disparu. Il n'y avait plus qu'une commode et un lit de camp qui avait été jusque-là dans la chambre de Katy.

LE PRINTEMPS ARRIVA ENFIN, C'ÉTAIT PRESQUE INATTENDU TANT J'AVAIS EU L'IMPRESSION QUE L'HIVER, LA NUIT ET LE FROID DURERAIENT TOUJOURS. Mais le printemps est venu et c'était comme s'il pénétrait jusque dans mon esprit. Le samedi, je travaillais toujours chez Mme Chapman, et c'était formidable. Elle ne ressemblait pas à tous ces gens qui évitaient de parler de Ben, comme s'il s'agissait d'un sujet indécent. Elle l'évoquait même assez souvent, de façon tout à fait désinvolte, comme s'il vivait encore. Cela me faisait du bien, je ne sais pas pourquoi.

Le travail était devenu très facile pour moi. Je savais où trouver chaque article et je connaissais de mieux en mieux les clients. Mais il y avait aussi des moments où personne ne venait, même le samedi matin où, en principe, l'affluence était grande. Et quand je n'étais pas en train d'épousseter les étagères ou de vider des paquets de taille-crayons, je prenais le temps de rêvasser. Mme Chapman se moquait alors de moi et me disait que j'avais la tête dans les nuages au point de n'avoir plus les pieds sur terre, mais c'était sans la moindre méchanceté.

Un matin, j'étais d'humeur particulièrement rêveuse. J'avais vu, la veille, un beau film à la télé, un film auquel je pensais encore avec nostalgie. Une dame brune est venue acheter un journal. Elle attendait son tour tandis que Mme Chapman servait un autre client. Je sortis pour regarnir un présentoir de journaux qui est juste devant la porte du côté de la papeterie quand soudain je fus brutalement tirée de mes rêveries.

Tout près du congélateur rempli de crèmes glacées, il y avait une poussette. Une petite fille handicapée y était assise tranquillement. Sur son nez minuscule reposaient des lunettes rondes en plastique, de celles que vous offre la sécurité sociale. Sa tête avait une forme un peu bizarre et ses yeux étaient bridés, comme ceux des Asiatiques. Elle avait sorti un petit bout de langue et un filet de salive lui coulait le long du menton. Mais ce n'était pas la petite fille qui avait provoqué ce choc si violent, c'était l'emplacement de la poussette. Elle était à l'endroit même où j'avais laissé celle de Ben, le jour où Miranda l'avait vu pour la première fois. J'avais choisi cet endroit parce que j'avais cru que Ben y serait à l'abri des regards. Et j'étais absolument certaine que la mère de cette petite fille l'avait choisi pour la même raison. Les souvenirs affluèrent en moi. Mon cœur se mit à battre violemment.

« Ben ! Oh ! Ben », pensai-je.

La petite fille leva les yeux vers moi. La plupart des gens ne l'auraient pas trouvée jolie et n'auraient même pas pris la peine de mieux la regarder. Mais elle me parut, à moi, adorable. Derrière les verres de ses lunettes, ses yeux étaient grands, frangés de longs cils noirs. Ses cheveux noirs et lisses étaient retenus en couettes par deux petits nœuds ; ils étaient fins et légers comme des plumes. Il était difficile de deviner son âge. A mon avis, elle devait avoir quatre ans. Elle sourit en voyant que je la regardais et se pencha en avant en me faisant un signe de la main ; une grosse bulle est alors sortie de sa bouche. J'entendis un bruit de pas, ceux de sa mère sans doute, qui attendait que je termine et retourne derrière mon comptoir. Mais, au lieu d'y aller, je me mis à genoux près de la poussette et touchai du doigt l'oreille de la petite fille.

– Tu es mignonne, tu sais ? Tu as un très joli sourire !

La petite fille frétilla de plaisir et mit une petite main potelée sur sa bouche pour m'envoyer un baiser.

– Comme tu es intelligente ! Tu sais envoyer des baisers ! Je suis sûre que tout le monde t'adore à la maison !

La femme se tenait derrière moi sans bouger. Je me tournai vers elle. Elle semblait méfiante, sur la défensive et me regardait attentivement. Elle ignorait qui j'étais. Elle me semblait un peu trop âgée pour être la mère de la petite fille. Ses beaux cheveux noirs étaient striés de blanc. Elle paraissait surtout très élégante.

Elle portait un manteau que maman aurait à peine osé admirer dans une vitrine et, aux oreilles, des anneaux ultramodernes en métal brillant. Elle me sourit rapidement en passant devant moi, l'air pressé, pour prendre la poussette, puis elle se dirigea vers la sortie.

– Comment s'appelle votre petite fille ? ai-je alors demandé. Elle est adorable !

La femme me regarda, l'air surprise. Elle ne devait pas être habituée à ce genre de compliment. Elle m'adressa enfin un sourire radieux, son visage était transfiguré.

– Jackie, dit-elle. Elle s'appelle Jackie.

Elle avait un léger accent étranger. Elle hésita :

– Elle n'est pas tout à fait... pas tout à fait comme il faudrait. Elle présente le syndrome de Down.

Elle venait de prononcer ces termes médicaux très aisément, roulant les r, et l'on sentait qu'ils lui étaient familiers.

– Elle est beaucoup moins handicapée que mon petit frère ne l'était, dis-je.

– Votre frère ? demanda-t-elle, intriguée.

Je vis que je commençais à susciter son intérêt.

– Oui, répondis-je, j'avais un petit frère qui était, comment vous dire... très malade. Mais il était...

Ma voix se mit à trembler tant j'étais embarrassée.

– Il était adorable, dis-je pour finir dans un souffle.

Elle détourna son regard avec tact et se pencha vers Jackie pour défaire un bouton de son petit manteau, puis elle lui caressa la joue du bout des doigts. Je me rendis compte bien plus tard qu'elle n'avait pas posé la question rituelle. Etant étrangère, elle n'avait peut-être pas remarqué que j'avais parlé de Ben au passé. Ou bien peut-être avait-elle trop de délicatesse pour oser me questionner.

– Au revoir, dit-elle. A bientôt, peut-être.

– Je l'espère ! Au revoir, Jackie. Sois bien sage !

J'allai jusqu'à la porte du magasin pour les voir descendre la rue, jusqu'à ce qu'elles tournent au coin de la boucherie et disparaissent à ma vue.

Je devais revoir Jackie et sa mère assez souvent. Il était clair qu'elles aimaient bien rendre visite à Mme Chapman, comme je l'avais fait avec Ben. Elles étaient sensibles à sa gentillesse et à sa chaleur humaine si exceptionnelles. Mme Maynard – je finis par apprendre son nom quand elle commanda un journal étranger – Mme Maynard ne parlait pas beaucoup, du moins pas les premiers temps. Mais Mme Chapman eut vite fait de lui délier la langue. En l'absence d'interlocuteur elle aurait été capable de faire parler un mur de brique. Il semblait que Mme Maynard fût une femme solitaire qui habitait depuis peu dans les environs et se retrouvait seule avec Jackie la plupart du temps. Elle avait aussi un grand fils de dix-neuf ans qui était parti faire ses études à l'université. Elle ne parlait jamais de son mari, mais elle avait quelquefois l'air si triste que j'en déduisis qu'elle devait être veuve. Tout en écoutant d'une oreille distraite les conversations des deux femmes, je m'occupais de Jackie.

Chaque fois qu'elles venaient, nous bavardions aussi, Jackie et moi. Je me souvenais des jeux que Ben aimait et je souhaitais que Jackie les aimât également. Mme Maynard laissait la poussette contre le comptoir – elle avait cessé de la cacher. Dès que je voyais Jackie, je lui envoyais un baiser, qu'elle me rendait. Je m'agenouillais pour admirer ses chaussures. « Jolies chaussures », lui disais-je, ou encore « Quelles jolies chaussettes ! », ou bien « Que tu as une jolie robe ! » et toutes sortes de choses jusqu'à ce qu'on arrive au ruban dans ses cheveux. Je dois dire qu'elle était toujours très bien habillée. Mme Maynard l'adorait, cela se voyait. Et Jackie était vraiment très mignonne et intelligente. Si j'oubliais quelque chose, elle me prenait la main et me faisait toucher pour que je n'oublie rien. Quand nous avions fini notre pantomime, je prenais un bonbon dans l'un des grands bocaux pleins de caramels et d'autres sucreries bien enveloppés que Mme Chapman gardait derrière son comptoir, et je le donnais à Jackie. Mme Chapman ne disait rien, mais elle me conseilla de demander à Mme Maynard si elle ne s'y opposait pas.

– Je ne vois pas quel mal il y a à donner un bonbon à une gamine, dit-elle, mais il est vrai que je suis vieux jeu.

Je n'ajoutai rien. On n'avait qu'à regarder Mme Chapman pour comprendre qu'elle avait elle-même un faible pour les sucreries, mais je préférai me taire plutôt que d'aborder les problèmes de poids.

Jackie était folle de joie quand je lui donnais son bonbon. Dès qu'on leur offre une friandise, la plupart des enfants pleurnichent et en réclament une autre avant même d'avoir défait l'emballage.

On voit beaucoup d'enfants se comporter ainsi dans la boutique de Mme Chapman. C'est parfois très étonnant. J'ai toujours pensé que maman avait été beaucoup trop stricte, mais aujourd'hui je suis contente de l'éducation qu'elle m'a donnée. Il n'y a rien de plus catastrophique qu'un enfant gâté et pleurnichard. Ce n'était certainement pas le cas de Jackie, qui possédait l'art de savourer les choses en toute simplicité et de tout son cœur, sans jamais en demander plus.

Au moment où elles allaient partir, je courais vers la sortie et, quand il n'y avait pas trop de monde, j'agitais ma main pour dire au revoir à Jackie. Tout ce qu'elle arrivait à prononcer était un « mumummmm », ce qui voulait dire maman, je suppose, mais elle savait parfaitement dire au revoir en agitant la main.

– Les petits clowns de Dieu, voilà comment on les appelle, ces gosses-là, dit Mme Chapman en poussant un soupir. Tu sais t'y prendre avec elle, Anna. Tu feras une bonne maman, un jour, toi aussi.

Je n'aimais pas ce genre de réflexion. Mme Chapman était un peu comme maman, elles me faisaient toutes les deux ce style de remarque en pensant m'encourager alors qu'en réalité cela produisait l'effet contraire, me rappelant que je m'étais toujours sentie de trop : une ratée, une bonne à rien, un peu demeurée et moche en plus car aucun garçon ne m'avait jamais envoyé de carte pour la Saint-Valentin, sauf Joe, une seule fois, et encore parce que Miranda l'avait poussé à le faire, ce qui ne comptait donc pas. Que dire de plus ?

J'avais abandonné tout espoir de revoir Tony. Il avait été une sorte d'ombre jaillie tout droit de mes rêves. Il ne me restait plus guère de lui qu'un prénom et une image de plus en plus floue. J'avais oublié comment il était, de la même façon que j'avais oublié Jeff. Je ne sais trop pourquoi, mais depuis la mort de Ben je n'étais plus retournée au club. Non que j'y aie renoncé complètement, mais comme j'avais d'abord manqué une semaine, puis une deuxième, puis une troisième, cela me parut gênant d'y retourner. Mais je me disais en moi-même que je le ferais un jour, quand je serais moins timide et maladroite, plus détendue et sûre de moi.

Pour les gens de l'extérieur, j'imagine que j'étais toujours la même, mais j'avais le sentiment intime d'être en train de changer imperceptiblement. Je n'étais plus cette petite sotte qui avait perdu contenance durant six mois pour avoir aperçu un garçon sur un court de tennis. Etre amené à trop penser à la mort incite sans doute à tenir plus fort à la vie, si étrange que cela paraisse. On se sent alors plus courageux et le temps semble plus précieux. On ne peut plus se permettre de perdre son temps à se sentir inférieur aux autres. On en arrive même à jeter un regard neuf sur son entourage.

C'était un peu comme si j'avais vu le monde autour de moi avec un autre regard.

Le samedi suivant, Mme Maynard ne vint pas. A l'heure du déjeuner, j'interrogeai Mme Chapman :

– Jackie ne vient pas aujourd'hui ?

– Non, me répondit-elle. Elles sont venues hier. Mme Maynard m'a donné un petit carton pour mettre dans la vitrine. Elle cherche quelqu'un pour garder Jackie pendant trois semaines cet été. Qu'est-ce que t'en penses, Anna ? Prends son numéro de téléphone. Ce serait un bon travail pour toi.

C'était formidable. Evidemment papa avait réservé pour les vacances, mais seulement pour quinze jours, au mois d'août, et j'en avais un peu assez des leçons de tennis et de la contrainte quotidienne que cela impliquait.Et j'avais envie de me consacrer à quelqu'un. En gardant Jackie, je gagnerais de l'argent, tout en m'amusant.

Il fallait que j'obtienne ce travail. En voyant le carton, j'eus peur : et si la place était déjà prise ? Je vis avec angoisse une jeune maman et son bébé s'arrêter devant la vitrine pour lire toutes les annonces qui y étaient inscrites. J'aurais voulu escamoter celle de Mme Maynard. Mais elle était là, sans aucun doute possible, et me paraissait plus grande que les autres. Elle brillait de mille feux. La jeune femme ouvrit son sac et en sortit un crayon pour noter quelque chose. Je n'en pouvais plus.

– S'il vous plaît, madame Chapman, je peux appeler Mme Maynard tout de suite ? J'ai peur que quelqu'un ne prenne la place !

Elle se mit à rire.

– On dirait un chat sur un toit brûlant. Cela te tracasse, pas vrai ? Vas-y, mon lapin. Le téléphone est toujours là s'il ne s'est pas envolé.

Dès que j'entendis la voix de Mme Maynard, je fus persuadée d'avoir bien fait. Une sorte d'intuition sans doute, ou je ne sais quoi. J'eus cependant un moment de doute. Elle me parut tout d'abord soupçonneuse.

– Oui ? Que désirez-vous ?

Au téléphone son accent étranger était plus prononcé.

– C'est au sujet de votre annonce, dis-je d'une petite voix timide.

– Oui ? dit-elle, encore plus soupçonneuse.

– C'est moi, dis-je stupidement. Vous me connaissez. Je suis Anna, la fille qui travaille chez Mme Chapman le samedi. Je connais Jackie. Je lui parle souvent. Vous...

Elle m'interrompit. On aurait dit le bouchon d'une bouteille de champagne qui saute. Je dus éloigner l'écouteur, comme maman lorsqu'elle parle à tante Janice. Je mis un moment à démêler ses propos, mais elle savait qui j'étais, c'était l'essentiel, et puis oui, bien sûr, j'étais exactement la personne qu'elle cherchait, mais est-ce que j'étais bien certaine de vouloir faire ce travail ? Naturellement, elle me paierait correctement, et je ne pouvais imaginer quel problème cela lui posait de confier Jackie à une personne étrangère. Elle avait reçu quelques appels bizarres après avoir mis l'annonce, et ça l'avait tellement énervée (elle dit énerrrvée) qu'elle avait failli renoncer à aller à son cours. Pourtant il fallait qu'elle y aille parce qu'elle vivait seule avec Jackie depuis quatre ans, son mari l'ayant quittée peu après la naissance de la petite, et qu'elle devait retravailler un jour. Ce cours était nécessaire : certes elle avait été secrétaire bilingue, italien et anglais, mais elle ne connaissait pas le traitement de texte. Et, me demandait-elle, aurait-elle la moindre chance de trouver du travail si elle ne suivait pas ce cours ?

Et j'étais là, à dire : « Oui... non... oui... non... » en songeant avec inquiétude à la note de téléphone que Mme Chapman aurait à payer.

Mais au bout d'un long moment, quand Mme Maynard se tut pour souffler un peu, je lui demandai quand je pouvais commencer. Ce qui déclencha un nouveau torrent de paroles. Elle me parla de Jackie, une enfant si affectueuse; me dit comme elle était heureuse d'avoir une petite fille si mignonne, à quel point c'était important d'avoir de la patience et de ne rien précipiter. Elle ajouta que j'étais la personne idéale pour ce travail parce que j'avais beaucoup de cœur et surtout à cause de mon petit frère, et qu'elle se sentirait soulagée de savoir Jackie entre mes mains...

J'ai vu la porte s'entrebâiller et je me suis dépêchée de lui dire que Mme Chapman m'attendait. Elle cria trois fois son adresse et je lui répondis que je la rappellerais dans la journée.

– Tu lui as raconté ta vie ou quoi ? me dit un peu sèchement Mme Chapman quand j'eus enfin raccroché.

Elle n'était pas contente que je sois restée aussi longtemps au téléphone. Elle était un peu bizarre avec ça. Elle ne se servait du téléphone qu'en cas d'extrême nécessité. Elle parlait d'une voix forte et haut perchée, par petites phrases saccadées, comme si elle se servait d'un code ou de je ne sais quoi. Mais comme papa aussi est obsédé par la note de téléphone, je pris une pièce dans mon porte-monnaie et la glissai dans le tiroir-caisse.

– Faut pas faire ça, mon petit, dit Mme Chapman.

Je constatai qu'elle s'était calmée, mais elle ne me rendit pas la pièce...

Ce n'est que le soir, devant la télé, que je compris qu'il m'arrivait là une chose vraiment importante. Papa fut formidable en apprenant la nouvelle.

– Tu commences à gagner ta vie, dit-il. C'est bien. Je serai gentil avec toi, Polyanna. Comme ça, quand tu auras gagné ton premier million, tu m'offriras une Porsche.

Katy me fit, elle, une scène de jalousie.

– Tu en as de la chance ! Ce n'est pas juste. Tu auras beaucoup plus de sous que moi alors que tu n'aimes même pas les fringues !

Maman se montra plus nuancée.

– C'est une bonne idée, dit-elle. Mais j'espère que tu ne seras pas aussi étourdie qu'à la maison. Ta chambre est un vrai champ de bataille...

Mais ils se trompaient tous ; papa, maman et Katy. Ce n'est pas l'argent qui m'intéressait. Même pas le fait de travailler à l'extérieur. J'avais seulement envie de me retrouver en présence d'un enfant. Un enfant pas comme les autres, qui aurait besoin de moi. Un enfant comme Ben.

CETTE NUIT-LÀ, JE FIS UN RÊVE. JE PRENAIS UN BAIN DE SOLEIL DANS UN GRAND PARC, PRÈS D'UN LAC, OÙ UNE FOULE DE GENS S'AMUSAIT. TOUT À COUP, je sentis une petite main me toucher la jambe. C'était Ben. Il me regardait et riait en penchant la tête d'un côté, comme il le faisait toujours; il était adorable, et je lui demandais: « Ben! Où as-tu été? Pourquoi nous as-tu quittés? Est-ce que quelqu'un s'occupe de toi? Vas-tu bien? » Mme Maynard est alors arrivée, en disant: « Il est venu chez moi, vous savez, et il est très heureux. Je n'ai pas voulu vous le dire. Ils ne m'auraient pas laissée faire. Ils avaient sûrement leurs raisons. »

Et puis Ben s'est mis à rouler très vite vers le lac, et j'ai couru après lui, mais plus j'essayais de courir vite, moins j'avançais, et quand je l'eus rejoint, il était tout glissant, comme si son corps avait été enduit d'huile, et je ne pus l'attraper. Il a glissé dans l'eau, il a coulé, et j'ai vu son visage immobile, un peu déformé par le courant. C'était son visage d'enfant mort, tel que je l'avais vu dans son cercueil. J'essayai plusieurs fois de plonger pour le sauver, mais Mme Maynard m'arrêta et nous avons lutté au bord du lac. Mes bras et mes jambes étaient comme pris dans un étau. Elle me relâcha enfin en disant : « Regardez. » J'ai regardé dans l'eau et j'ai vu les yeux de Ben qui étaient grands ouverts ; il me souriait et c'était de nouveau son visage d'enfant vivant. Il s'est retourné comme un petit poisson, libre et heureux, sans la moindre gaucherie, sans geste saccadé ; il s'est mis à nager, souple et fort, jusqu'au milieu du lac, puis il a disparu. Alors j'ai pleuré et je l'ai appelé sans m'arrêter afin qu'il revienne, mais quand Mme Maynard me fit tourner la tête, je vis Jackie qui pleurnichait dans sa poussette. Mme Maynard dit alors : « Elle a vu une petite fille en train de manger une glace. Voulez-vous aller lui en chercher une, Anna ? »

Je me réveillai baignée de sueur, enroulée dans mes draps. Je restai là un long moment à savourer la présence de Ben, à retrouver son visage tel que je l'avais vu dans mon rêve. Je tentais de me le rappeler, mais je ne le percevais que vaguement, comme sur des photos. Dans mon rêve, il avait été absolument réel, tout près de moi, mais en même temps inaccessible. Alors je me suis mise à pleurer vraiment et mon chagrin était immense, c'était comme si Ben venait de mourir. Je souffrais et j'avais le sentiment que cette douleur ne me quitterait jamais, qu'elle serait toujours là, comme le jour de son enterrement.

Curieusement, quand je me suis levée pour prendre mon petit déjeuner, l'image de Ben vivant s'était à nouveau effacée. Puis lorsque maman m'a demandé ce que je voulais faire pour les vacances, si j'avais envie d'un nouveau maillot de bain – elle en avait vu un dans un magasin de la rue principale –, tout était redevenu à peu près normal. C'était comme si le mur s'était fendu pour me permettre de voir dans la pièce voisine, et comme si l'on avait replâtré la fissure pour éviter que le mur ne se fende à nouveau.

Je dis à Mme Maynard que nous partirions vers la mi-août, et elle décida de commencer son cours dès les premiers jours des vacances. C'est donc vers la fin de l'année scolaire que je sonnai à sa porte. C'est très étrange quand on va chez quelqu'un pour la première fois ! On voit tout avec une extrême précision. J'ai toujours pensé que les premières impressions étaient les plus importantes. L'appartement de Mme Maynard était petit mais très propre et très bien rangé. Il n'y avait pas un seul fauteuil, pas un coussin de trop, pas de couleurs fades comme chez nous. Pas plus que de plantes vertes à moitié fanées qu'on oublie d'arroser ou d'étagères croulant sous leur bric-à-brac. Il n'y avait pas le moindre fouillis. Tout était à sa place. Je pensai qu'un jour, quand j'aurais un endroit bien à moi, ce serait comme chez Mme Maynard, propre et net, sans le moindre désordre.

Jackie fut heureuse comme tout en me voyant. Elle courut vers moi, mit ses bras autour de mes jambes, frotta sa tête contre mon genou. C'était la première fois que je la voyais depuis mon rêve et je me sentais un peu bouleversée. Comme je me penchais pour la prendre sur mes genoux, elle se blottit contre moi en fourrageant dans mes cheveux, puis elle se débattit. Je la reposai sur ses pieds et elle me prit la main.

– Elle veut vous montrer sa chaise qui est dans la cuisine, dit Mme Maynard de cette voix indulgente qu'elle avait chaque fois qu'elle parlait de Jackie. Allez-y avec elle. Nous allons vous faire faire le tour de l'appartement.

Un tour rapide. Je vis la cuisine, la petite salle de séjour où les jouets étaient rangés sur une étagère, la salle de bains et la chambre de Jackie. Mme Maynard ne fit qu'entrouvrir la porte de sa propre chambre que je mourais d'envie de voir. Je n'aperçus qu'un bout de couvre-lit couleur de pêche. La dernière porte resta fermée.

– C'est la chambre de mon fils, dit Mme Maynard. Il est à l'université; je ne sais pas s'il va venir cette semaine. On ne sait jamais, avec les garçons!

Mme Maynard mit des heures à me donner des instructions: Jackie avait ses habitudes. Elle aimait prendre un goûter à 11 heures, puis il fallait l'emmener en promenade ou au jardin public où elle était autorisée à jouer sur le tas de sable, mais il ne fallait pas la laisser monter sur le toboggan, c'était trop dangereux. Il fallait éviter les terrains de jeux quand il y avait trop d'enfants car ils risquaient de la faire tomber. Ensuite il fallait la ramener à la maison et lui servir son déjeuner à midi et demi. Mme Maynard le laisserait dans un endroit précis du réfrigérateur et je n'aurais qu'à le réchauffer. Elle avait sa cuillère personnelle, c'était important. Et puis je devrais lui chanter quelques chansons, des berceuses si possible, elle ferait la sieste, et à son réveil nous jouerions ensemble. Il fallait veiller à ce qu'elle ne s'enrhume pas. A 4 heures, elle devait boire son verre de lait accompagné de biscuits et, peu après, Mme Maynard serait de retour. Elle voulait savoir si j'avais tout compris, s'il ne fallait pas revenir sur certains points. Elle avait noté quelques instructions supplémentaires sur un bout de papier, cela suffirait peut-être. Enfin elle prit son sac pour sortir. Mais je ne fus pas étonnée du tout quand, deux minutes plus tard, j'entendis un bruit de clé dans la serrure.

– Le pot ! J'ai oublié de vous en parler !

Elle me montra donc où était le petit pot de Jackie, soigneusement rangé sous le lavabo de la salle de bains. Elle m'expliqua le petit signe que faisait Jackie chaque fois qu'elle en avait besoin.

Enfin, elle partit pour de bon.

Je restai quelques minutes à ne rien faire, à savourer la paix, mais aussi le merveilleux sentiment d'avoir des responsabilités. Je me souvins alors de ce ciel rouge, lors de la naissance de Ben. Une horloge sonna quelque part et je sautai sur mes pieds : 11 heures déjà, le repas de Jackie ! Je n'avais pas une minute à perdre en ce premier jour.

Tout au début, j'étais terriblement inquiète. Arriverais-je à suivre toutes les instructions de Mme Maynard ? Mais très vite je me glissai dans mon nouveau rôle avec une facilité étonnante. Bien sûr Jackie n'était pas Ben, elle n'occuperait jamais sa place.

Pourtant, je ne pouvais m'empêcher de retomber dans ce piège qui consistait à croire malgré moi qu'elle se comportait comme lui. Jackie était privilégiée par rapport à Ben. Elle savait marcher, elle se mettait toute seule sur le pot, à moins de s'oublier, ce qui lui arrivait quelquefois. Elle ne parlait pas, mais elle désignait du doigt ce qu'elle désirait. Elle savait faire une foule de choses qui exigeaient de l'intelligence. Elle fredonnait avec moi les chansons que je lui chantais.

Je m'aperçus très vite que Jackie était une enfant gâtée, élevée dans du coton dès sa naissance. Comme Mme Maynard était terrorisée à l'idée que Jackie puisse se faire mal, l'enfant n'avait jamais eu la possibilité de faire quoi que ce soit par elle-même. Elle n'avait jamais essayé de monter ou de descendre toute seule les marches de l'escalier, ni de grimper sur une chaise, ni d'ouvrir un robinet. Elle restait en haut de l'escalier, à attendre patiemment d'être portée jusqu'en bas. Je compris pourquoi Mme Maynard avait toujours l'air si épuisée. Jackie était petite pour ses quatre ans, mais elle était lourde à porter. Mme Maynard, c'était évident, avait pris l'habitude de tout faire à la place de Jackie. Elle n'avait même pas essayé de lui apprendre à mettre ses chaussures ou à se laver les mains.

Toutes ces découvertes avaient suscité en moi une sorte d'ambition. Car, de toute évidence, Jackie était bien plus douée que ne le pensait Mme Maynard, ce qui me donnait des idées. Je décidai de passer à l'action, sans rien dire à Mme Maynard. Je lui ferais une surprise, dès que Jackie aurait appris quelque chose de spectaculaire. Par exemple, à brosser ses cheveux toute seule. Je dois admettre qu'au bout d'un moment je regrettai d'avoir voulu commencer par les cheveux. Les deux premiers jours, Jackie resta immobile comme une poupée, attendant que je lui brosse les cheveux. Il me fallut beaucoup de patience pour obtenir sa coopération. Ce fut une épreuve diabolique. Et comme il n'avait jamais été question de demander à Ben ce genre d'effort, j'étais un peu comme sur des charbons ardents. Il me fallut passer au crible tous les petits gestes que l'on fait en se coiffant : tenir la brosse les poils en bas, la tirer dans le bon sens et, après avoir démêlé un côté, comment démêler l'autre sans emmêler le premier. Comme c'était compliqué tout ça ! Essayez vous-même et vous verrez !

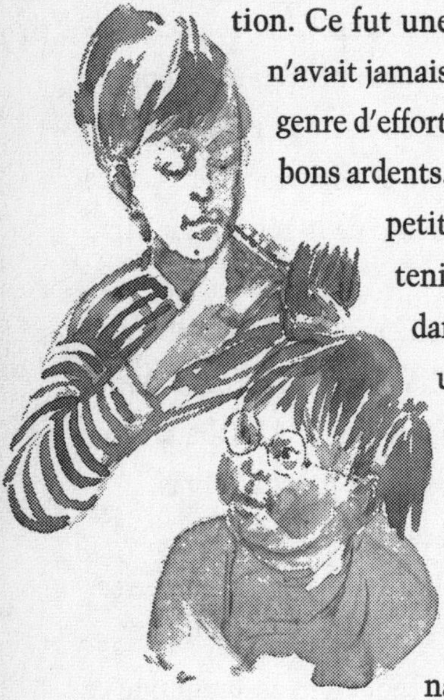

Je commençai par montrer à Jackie la manière dont je m'y prenais pour me coiffer moi-même. Ce fut sans succès. Elle ne parvint même pas à se concentrer plus de deux secondes. Je lui mis alors la brosse dans la main et je lui caressai la tête.

– Vas-y, Jackie !

Elle me sourit en tirant sa petite langue rose, mais sans le moindre signe de compréhension.

– Brosse-toi les cheveux, Jackie, lui répétai-je.

A genoux devant elle, je lui remis la brosse dans la main, en refermant ses doigts sur le manche. Elle éclata de rire à ce nouveau jeu si amusant, tout en ignorant où je voulais en venir.

– Regarde, dis-je en recommençant. Et maintenant, Jackie, fais-le toi-même.

Après cinq minutes de vains efforts, je considérai que cela suffisait pour une journée. D'autant que je commençais à m'ennuyer et Jackie aussi. Je l'habillai, la portai en bas de l'escalier où se trouvait la poussette, j'y installai Jackie et nous nous dirigeâmes vers les boutiques. J'étais très impatiente de la montrer à Mme Chapman.

J'étais si occupée à diriger la poussette et à empêcher Jackie de laisser tomber son ours en peluche sur le trottoir – Mme Maynard était exigeante sur l'hygiène – que je faillis croiser Debbie sans la voir. Elle vint vers moi et me toucha le bras.

– C'est ça, ton fameux travail de vacances ?

Il y avait de l'ironie dans sa voix. Elle n'était pas dans un de ses meilleurs jours, c'était évident.

– Oui, c'est Jackie, dis-je avec fierté tout en m'assurant que ce n'était pas encore tout à fait le moment de la moucher. Elle est superbe, tu ne trouves pas ?

– Chacun ses goûts, dit Debbie.

Je levai la tête, assez choquée. J'avais oublié à quel point Debbie pouvait être redoutable. Elle avait été si gentille à la mort de Ben que je n'avais plus de préventions et je me berçais d'illusions. Mais j'étais probablement plus solide que ne je l'étais deux ans plus tôt ; ou bien Katy m'avait-elle transmis involontairement quelques-uns de ses petits trucs. Toujours est-il qu'au lieu de bondir de colère je changeai de sujet.

– Et ton boulot à toi, ça va ?

– Je n'en ai pas trouvé, dit Debbie d'une voix blanche.

Elle ne m'en dit pas plus mais, par Miranda, je savais qu'elle avait essayé de se faire embaucher dans deux boutiques très chic. C'était le seul travail qu'elle avait jugé digne d'elle, tout autre aurait été, à ses yeux, avilissant.

Tout ça, je le savais, mais je n'en dis rien. Je n'aurais jamais osé critiquer Debbie. Nous nous quittâmes ; elle poursuivit son chemin et je me retournai alors sur elle pour la millionième fois afin d'admirer sa merveilleuse démarche, si étudiée, divine et sans le moindre déhanchement. Soudain quelque chose me frappa. Bien sûr, Debbie était toujours aussi belle, mais c'était la première fois que je ne la trouvais pas vraiment attirante. En la regardant, on pouvait constater qu'elle avait mis au moins deux heures à repasser son chemisier et au moins autant à s'épiler les jambes. Seulement voilà, le résultat était presque trop parfait. Elle avait quelque chose de trop apprêté, de froid. Miranda n'avait pas le nez droit, ses cheveux n'étaient pas très beaux, ses yeux n'étaient pas assez grands, elle était plutôt mal fringuée, pas soigneuse du tout ; mais elle avait un charme fou, irrésistible, et du sex-appeal jusqu'au bout des ongles. « Pauvre Debbie », pensai-je soudain. Car malgré son allure, malgré son port de reine, Debbie n'avait jamais eu de flirt. Selon mon habitude, j'en parlai à Mme Chapman quand nous arrivâmes chez elle après avoir passé dix longues et onéreuses minutes chez le marchand de glaces. Mme Chapman n'était pas spécialement friande de cancans, mais elle était assoiffée d'histoires intéressantes et elle savait écouter comme personne. Je pense que c'est de là qu'elle tirait sa phénoménale connaissance de la nature humaine.

– J'ai connu quelqu'un qui était comme ton amie Debbie, me dit-elle. Elle avait une peau satinée et de longues mains toutes blanches. Elle aurait fait merveille sur un calendrier, comme le mien, là-bas. Elle était belle comme tout et pourtant elle ne s'est jamais mariée. Les garçons lui tournaient autour, ils sifflaient sur son passage, mais quand elle leur parlait, ils se sauvaient au bout de cinq minutes. Elle est restée belle très longtemps, puis elle est devenue une pauvre petite vieille comme moi. Elle avait une passion pour les chats. C'étaient de beaux chats et elle en avait toujours un sur les genoux. N'est-ce pas malheureux, toute cette beauté et toutes ces qualités gâchées pour rien ?

Je pensai à Debbie tout le reste de la journée. On aurait dit que le charme était rompu. Je lui avais accordé trop d'importance pendant toutes ces années. Je m'étais faite toute petite devant Debbie, guettant le moindre mot gentil de sa part. Et à présent, libre enfin, je me moquais pas mal de ses sautes d'humeur. « L'amitié, la vraie, vaut mieux que ça », me disais-je tout bas. Tout au fond de moi, il y avait comme une petite voix qui répétait sans cesse : « Peut-être que maman a vu juste. Debbie mériterait une bonne fessée. »

Je ne racontai pas à Mme Maynard les progrès de Jackie en matière de brossage. D'une part, je voulais lui faire une surprise. D'autre part, nous n'avancions pas vite, loin de là. Chaque jour je passais un peu plus de temps à guider les doigts de Jackie, à lui faire des démonstrations, à l'encourager, jusqu'au moment où elle commença à comprendre. Dès ce moment, tout devint plus rapide que je n'aurais pu l'imaginer. Durant une minute, elle se mit debout, haletant, remuant gauchement les doigts, tirant la langue plus que jamais, et la minute d'après elle se donna un premier coup de brosse, puis un autre et un autre encore. Je criai victoire ! Elle comprit aussitôt qu'elle avait fait du bon travail. Elle battit des mains, elle rit, frétilla de plaisir.

J'étais si heureuse que je la pris dans mes bras, puis nous dansâmes en rond. Je chantai :

– Bravo, Jackie ! Gentille petite Jackie ! Géniale petite Jackie !

Je faisais tant de bruit que je n'entendis même pas la porte d'entrée s'ouvrir et se refermer. Mes cheveux étaient pris dans une boucle de la salopette de Jackie si bien que je ne pus relever la tête. J'étais impatiente d'apprendre la nouvelle à Mme Maynard.

– Vous ne me croirez pas, dis-je, occupée à libérer mes cheveux, mais Jackie sait déjà se brosser les cheveux toute seule. N'est-ce pas, ma chérie ?

Il n'y eut pas de réponse. Enfin libérée, je tournai la tête. Il y avait quelqu'un dans l'encadrement de la porte, mais ce n'était pas Mme Maynard. C'était Tony.

CHAPITRE QUINZE

ON PEUT TOUJOURS DÉCIDER QUE LA PERSONNE DONT ON A RÊVÉ PENDANT TOUTE UNE ANNÉE vous laisse maintenant indifférent, et qu'il serait plus intéressant de rencontrer quelqu'un de gentil, de drôle, avec des cheveux blonds ébouriffés et un visage ordinaire. Mais lorsque cette personne apparaît de manière inattendue, les rêves reviennent alors et vous submergent ; des éclairs vous assaillent comme un véritable feu d'artifice.

Malgré moi je sentis mon cœur battre follement. J'avais l'estomac retourné. A force de penser à Tony, je m'étais fait une image de lui assez fausse. En le voyant, je l'ai trouvé plus petit que je ne l'imaginais. Mais c'est peut-être moi qui avais grandi. Naturellement, il était beau, avait l'air félin et encore bien d'autres choses, mais il n'avait pas ce rayonnement, cette aura héroïque que je lui avais trouvés la première fois que je l'avais vu. Il fit un pas vers moi et me regarda en fronçant les sourcils.

– Où est ma mère ? demanda-t-il. Qui êtes-vous ?

– Mme Maynard est sortie, répondis-je.

Ma voix tremblait et il me fallut tousser un peu pour dissimuler mon émotion.

– Je suis ici pour m'occuper de Jackie, ajoutai-je.

Ses magnifiques sourcils noirs se rejoignirent à la racine du nez.

– Ma mère est sortie? dit-il. Elle ne sort jamais. Depuis que Jacqueline est née, elle ne l'a jamais quittée plus de trente secondes.

– Elle a un cours, dis-je à peine capable de parler, la gorge serrée et le souffle coupé. Un cours de traitement de texte. Elle veut retravailler.

– Bien, bien.

Il laissa tomber son beau sac de cuir. Puis il s'approcha de moi et me regarda à nouveau. Son visage s'éclaira soudain et tout le charme revint. Je sentis mes genoux faiblir.

– Il me semble que nous nous sommes déjà vus, dit-il.

– Oui. L'été dernier sur les courts de tennis.

Il plissa le front et réfléchit.

– Joe et Barny, dit-il enfin, et puis cette horrible fille qui se ronge les ongles et qui n'arrête pas de glousser.

– Miranda, dis-je en étouffant à mon tour un petit rire et en songeant à l'indélébile passion de Tony à son égard!

Il alla à la cuisine en enjambant un tas de jouets avec lesquels Jackie était en train de s'amuser en silence, sans la regarder, sans même lui dire bonjour. Et je me rendis soudain compte que Jackie non plus ne s'était pas précipitée vers lui, bien au contraire. C'était tout à fait inhabituel, car elle se jetait au cou de tous ceux qui franchissaient le seuil. Le laitier et le facteur l'adoraient. Une fois dans la rue, ils se retournaient pour lui faire de grands signes tandis que Jackie restait à la fenêtre pour les suivre du regard. Il y eut un bruit de verres dans la cuisine. Puis j'entendis la voix de Tony :

– Hé ! Quel est votre nom ?

– Anna.

– Venez boire un verre, Anna. Vous aimez le vin ?

J'étais terriblement gênée. D'abord je n'avais pas l'habitude de boire du vin, surtout pas au milieu de l'après-midi. Et puis cela me paraissait incorrect de boire du vin alors que j'étais là pour travailler. Et si Mme Maynard était rentrée soudain et m'avait trouvée avec un verre à la main ? Elle m'aurait renvoyée aussitôt. Mais je ne pouvais refuser. Il m'aurait trouvée idiote et puérile.

– Pas maintenant, merci, murmurai-je d'une voix à peine audible.

– Mais si, dit-il. Pourquoi pas ? Cela vous fera du bien.

Il revint dans la salle de séjour, un verre dans chaque main. Je pris le mien, sirotai un peu, puis le posai derrière un pot de fleurs, espérant que Tony n'y verrait rien. Il ne s'en aperçut pas. Il n'était pas du genre attentif, c'était évident. Il s'installa sur le canapé, les jambes croisées, un bras posé sur le dossier.

– Comment avez-vous connu ma mère ?

Peut-être est-ce la façon dont il prononça le mot « mère », ou encore l'expression de son visage, ou tout simplement mon fameux sixième sens, mais j'eus l'impression qu'entre eux tout n'allait pas pour le mieux.

– Je travaille dans un magasin le samedi, dis-je en retrouvant avec satisfaction ma voix de tous les jours. Votre mère y avait mis une annonce disant qu'elle cherchait quelqu'un pour garder sa fille, et je l'ai appelée. Je les avais souvent rencontrées, et nous étions déjà très amies, Jackie et moi.

Je jetai alors un coup d'œil sur Jackie pour voir si tout allait bien. Elle avait quelque chose dans la bouche. Je le lui retirai. C'était un trombone. Si Mme Maynard avait été là, elle se serait affolée. Je regardai autour de moi, trouvai la boîte où Jackie avait pris le trombone et la changeai d'étagère. Selon l'horaire établi, j'aurais dû jouer avec elle à ce moment même, mais elle semblait tout à fait heureuse sans moi. De toute façon, je n'aurais pas pu me concentrer en présence de Tony. Je m'étais cependant un peu détendue. Mon cœur battait normalement à présent. La seule chose bizarre c'était que je me sentais extrêmement lucide. Tout me semblait plus clair et plus lumineux que jamais. J'osai enfin une question :

– Vous restez longtemps ?

Il rit.

– Comment ? Ici ? C'est peu probable. La semaine prochaine, je vais vivre chez mon père. Il a une maison fabuleuse en France et je me baladerai au volant de sa Ferrari. Rester ici ? Quelle idée !

Bien que je n'aie rien dit, il dut deviner que je brûlais d'envie de lui poser des milliers de questions. Il haussa les épaules et déploya ses mains comme des ailes. Il parlait un anglais parfait, mais certains de ses gestes lui donnaient un air un peu exotique et cosmopolite.

– Ecoutez-moi, dit-il. Si vous voulez en savoir plus sur les Maynard, je peux tout vous dire. Mon père est anglais et ma mère est italienne. Ils se sont séparés il y a quatre ans. Mon père s'est alors fait muter en France par sa compagnie. Là-bas, il gagne beaucoup plus d'argent que dans ce pays épouvantable. Comme ma mère consacre tout son temps à Jacqueline (je me demandais pourquoi il ne l'appelait pas par son petit nom), il ne me reste qu'à faire une brillante carrière universitaire.

Il rit pour me montrer qu'il plaisantait et secoua la tête pour rejeter la belle crinière noire qui tombait sur ses yeux. Je jetai un regard furtif sur la pendule. Il était bientôt 4 heures et je n'avais pas encore donné son lait et ses biscuits à Jackie ! Mme Maynard serait de retour d'une minute à l'autre et me trouverait là, négligeant mon travail et me livrant à une véritable bacchanale avec son fils.

Je me mis aussitôt debout. Tandis que nous parlions, je m'étais pelotonnée dans un fauteuil et j'avais enlevé mes chaussures. Je dus me mettre à quatre pattes pour les retrouver. Je m'en voulais d'être aussi maladroite et stupide. Tony était si élégant, si parfaitement à l'aise, et si poli ! J'avais l'air chiffonnée et échauffée. Je pris son verre vide et le mien encore plein, derrière le pot de fleurs, et je les portai à la cuisine, en veillant à ce que Tony ne s'aperçoive pas que je n'avais presque rien bu. Jackie me suivit. Je sentis ses petits bras autour de ma jambe et sa tête blottie contre mon jean. Je me penchai pour la prendre dans mes bras.

– Veux-tu que je t'enlève ton cardigan ? lui demandai-je.

La séance de brossage était déjà loin, et à moitié oubliée. De toute façon, cela n'aurait pas intéressé Tony et, du coup, ça m'a paru à moi aussi beaucoup moins important. J'eus tout juste le temps d'installer Jackie sur sa chaise avec son lait, de laver les deux verres et de ranger la bouteille. Quelques secondes plus tard, j'entendis la clé dans la serrure et Mme Maynard qui s'écriait d'une voix tout excitée :

– Tony !

Ils étaient dans la salle de séjour. Je sais que ce n'est pas bien d'écouter aux portes, mais, de la cuisine, je ne pouvais faire autrement. Même si j'avais fermé la porte, j'aurais tout entendu. Cela me parut tout d'abord assez normal, mais la conversation entre la mère et son fils après trois mois de séparation me parut un peu bizarre.

– Tu vas bien, Tony ? demanda Mme Maynard d'une voix qui manquait de naturel. Tu es en bonne santé ? Tout va bien ?

– Mais oui, mais oui, répondit Tony, sur un ton un peu agacé. J'ai ramené plein de linge à laver.

Il ne s'était même pas levé pour embrasser sa mère, il était resté vautré sur le canapé. A de tels propos maman aurait répondu : « Très bien, tu sais où est la machine à laver. »

Mais Mme Maynard s'écria :

– Ne t'inquiète pas, mon chéri. Je vais laver tes affaires.

J'ai à nouveau pensé à maman me disant : « En voilà encore un qui mériterait une bonne fessée. » Et j'ai souri en imaginant Mme Maynard infligeant cette correction à Tony.

Lorsque j'arrivai le lendemain matin, Mme Maynard avait l'air tourmenté. Elle s'affairait anxieusement autour de Jackie en tentant vainement de lui imposer le silence.

– Tony dort, disait-elle à voix basse, un doigt posé sur la bouche. Il a horreur d'être réveillé trop tôt.

Je dois dire que je l'enviais. Moi aussi j'aime dormir le plus longtemps possible, mais chez nous, passé huit heures et demie, impossible d'être tranquille. Si vous voulez dormir, il faut vous débrouiller tant bien que mal avec tous ces bruits autour de vous.

Une fois dans la cuisine, je compris pourquoi Mme Maynard avait l'air si fatigué. Elle avait dû beaucoup travailler, à en juger par le tas de vêtements propres et soigneusement pliés sur la table.

– Voulez-vous que je les repasse ? lui demandai-je.

Son visage se rasséréna.

– Ce serait gentil, répondit-elle, mais pas avant la sieste de Jackie. Il ne faut pas qu'elle soit là quand le fer est branché.

Tony se réveilla enfin, et par ma faute.

J'étais en train d'habiller Jackie pour sa promenade et j'avais tellement peur de faire du bruit que, sans me rendre compte de ce que je faisais, je pris la brosse pour la coiffer. Elle se mit alors violemment en colère et hurla.

– Chut ! dis-je, affolée. Tu vas réveiller Tony !

Mais aussitôt sa porte s'ouvrit et il apparut en pyjama, les cheveux tout ébouriffés.

– Qu'est-ce qui se passe ici ? Vous ne pouvez pas vous tenir tranquilles ?

C'est alors qu'il m'aperçut.

– Oh ! c'est vous. Où est ma mère ?

– Elle est allée à son cours.

Il bâilla, et puis me sourit.

– Vous ne pourriez pas me préparer mon petit déjeuner ? Je crève de faim.

Deux jours plus tôt, si j'avais imaginé préparer son petit déjeuner à Tony, j'en serais morte de bonheur. Mais maintenant que cela arrivait, ça ne m'intéressait plus. Pour commencer, la pauvre Jackie était en train de pleurer et il fallait que j'aille la consoler, puis la sortir pour sa promenade. Par ailleurs, je ne savais pas me servir de la machine à café très sophistiquée de Mme Maynard et j'ignorais s'il y avait du café dans la maison. J'étais certaine que Tony ne prenait pas de thé pour son petit déjeuner. Le thé, c'était pour les femmelettes ! Cependant je ne pus refuser. J'étais payée pour m'occuper de Jackie, mais Mme Maynard attendait peut-être de moi que je m'occupe aussi de Tony, comme elle le faisait elle-même. De toute façon il était trop tard pour dire quoi que ce soit car il avait disparu dans la salle de bains. Je fis taire Jackie en lui donnant un biscuit, mis de l'eau à bouillir, puis disposai sur la table une assiette, un couteau, du beurre et de la confiture. Comme il me paraissait indécent de parler à Tony à travers la porte de la salle de bains, je laissai sur la table tout ce qui s'y trouvait, avant de retourner auprès de Jackie. Elle avait répandu des miettes partout, mais je décidai de tout nettoyer à notre retour. Nous sortîmes enfin. J'étais pour ma part complètement éreintée, et Jackie semblait réconciliée avec la vie, prête à jouer à tous les jeux et à sourire à tous les passants.

Cela ne cessait de m'étonner, mais Jackie n'était pas comme Ben, sa vue ne dérangeait pas les gens. Bien que visiblement handicapée, elle n'avait rien de repoussant, bien au contraire, et son sourire était contagieux. Il y avait même des gens qui s'arrêtaient pour bavarder un moment avec elle.

Tony n'était pas là au moment du déjeuner. Mais un peu plus tard, alors que Jackie était en train de faire sa sieste et moi le repassage, il vint s'asseoir dans la cuisine. Tout en parlant, il me regardait faire. Il était irrésistible. Les cheveux savamment dépeignés, la mise étudiée, il aurait pu poser pour un magazine. Et comme il portait bien ses vêtements ! Le col artistement relevé, les manches retroussées, il avait dû lui falloir des heures pour obtenir cet air désinvolte. Je me demandai combien de temps il était resté dans la salle de bains. Quand je pense que je m'habille en deux secondes ! Il me faisait la même impression que Debbie. Je prenais conscience que j'avais des ongles sales, des chaussures éculées.

Mais je pense que Tony m'aimait bien. Il aimait bien me parler, c'était évident, puisqu'il restait là à me regarder travailler dans la cuisine ou repasser. Il me raconta une foule de choses. Il me parla de la maison de son père avec une piscine et une femme de chambre, du yacht qu'ils allaient acheter, et il me décrivit interminablement la fameuse Ferrari et son levier de vitesse tout à fait spécial. Je ne comprenais pas la moitié de ce qu'il disait à ce sujet, mais c'était très agréable de l'entendre parler. C'était du délire, mais ça me changeait de ma vie de tous les jours et c'était bien plus intéressant que le repassage. Je m'amusais à penser à Miranda, à sa folle jalousie si elle avait été là pour me voir.

L'euphorie fut de courte durée. J'étais en train de repasser une chemise comme maman me l'avait appris, en commençant par le col. Soudain Tony s'est penché en avant et m'a arraché sa chemise des mains.

– Regardez, cria-t-il, en colère. Vous faites tout de travers ! Vous ne voyez pas ces petits plis, là au bout ? Ce n'est pas comme ça qu'on repasse un col ! Je vais vous montrer !

Il me prit le fer des mains et, avec un soin infini, il lissa tous les plis. Je me sentais humiliée.

– Vous feriez mieux de vous débrouiller tout seul, lui dis-je en m'efforçant de garder mon calme.

Il leva les sourcils.

– Vous croyez que les hommes sont faits pour repasser les chemises ?

– Mon père repasse les siennes, dis-je.

Ma réaction était peut-être naïve mais je savais que j'avais raison.

– Ah ! vraiment ?

Sa voix était si méprisante que, soudain, je sentis la colère monter en moi. J'étais furieuse. Etais-je payée pour repasser toute la garde-robe de Tony ? J'avais accepté de le faire, mais il n'avait pas le droit de me traiter comme si je n'avais été là que pour ça. Et je ne pouvais pas lui permettre de me critiquer. J'étais là pour m'occuper de Jackie et c'était le moment de la mettre sur le pot.

– J'arrête là, dis-je. Il faut que j'aille réveiller Jackie.

– Jackie, Jackie, dit-il en imitant ma voix. Il n'y en a que pour Jackie dans cette maison. Qu'est-ce que vous lui trouvez, tous ? Il aurait fallu la mettre dans un établissement spécialisé dès sa naissance. C'est à cause d'elle que la famille ne tourne pas rond. Elle a brisé le ménage de mes parents. Maman ne pense qu'à elle, rien qu'à elle. Pas étonnant que papa soit parti avec quelqu'un de plus intéressant. J'aurais fait comme lui. Tout était formidable avant Jackie. Elle a tout bousillé ici. C'est trop injuste !

Je le regardai, stupéfaite. Où était le beau jeune homme, si élégant et si bien élevé ? A sa place, il y avait un enfant, un tout petit enfant gâté, vaniteux, blessé et fou de colère. Je me sentis soudain beaucoup plus mûre que lui. Mais, étrangement, je préférais nettement ce Tony-là à l'autre. Il me rappelait Katy. Il en voulait à sa petite sœur d'avoir brisé sa famille. Comment ne pas le comprendre ? Je pensai à Ben dont la venue aurait pu avoir les mêmes conséquences chez nous. Tony parviendrait-il un jour à aimer Jackie ? C'était peu probable, car Mme Maynard l'avait rejeté d'une certaine façon. Personne n'avait jamais encouragé Tony à s'occuper de Jackie, à faire quoi que ce soit pour elle, à partager sa vie comme je l'avais fait avec Ben. Quant à son père, avec ses idées stupides sur les hommes qui ne comprennent évidemment rien aux enfants et ne savent pas repasser, ce ne devait être guère mieux. Je n'étais pas étonnée que Tony fût si jaloux. Il avait été à l'évidence le centre de la vie de sa mère, jusqu'à la naissance de Jackie. Et Mme Maynard avait beau chercher à lui faire plaisir quand il venait à la maison, c'est Jackie qui y régnait en maître. Mme Maynard ne cessait de tourner autour d'elle et les autres venaient bien après. La jalousie est un sentiment que je pouvais comprendre. Bien que je n'aie plus vraiment cherché à être sa meilleure amie, je pensai à Debbie. Et, à l'idée qu'elle ait pu me préférer Emma, je ressentais toujours un petit pincement de jalousie. La jalousie est le pire des sentiments. Katy avait énormément souffert à cause de Ben, mais avec cette différence qu'elle l'avait profondément aimé. Sa jalousie n'avait été qu'une curieuse façon de montrer son amour, mais sa mort l'avait rendue très malheureuse au point qu'elle lui avait donné son bambi. Nous en avions d'ailleurs parlé par la suite ainsi que de beaucoup d'autres choses. Katy était devenue une véritable amie, désormais.

Quant à Tony, il y avait un petit espoir. Peut-être deviendrait-il un jour, lui aussi, un véritable ami.

QUAND J'ARRIVAI LE MATIN SUIVANT, TONY ÉTAIT DÉJÀ DEBOUT. IL ÉTAIT EN TRAIN DE BOIRE UNE TASSE DE CAFÉ À LA CUISINE, au milieu des restes de son petit déjeuner. Il ne se souciait jamais de ranger ou de nettoyer quoi que ce soit. Si j'étais là, c'est moi qui le faisais ou bien Mme Maynard, à son retour à la maison. Il avait l'air si maussade que je faillis éclater de rire.

– Bonjour, dis-je. Qu'est-ce qui vous arrive encore ?

J'utilisai la méthode directe comme avec Katy lorsqu'elle était de mauvaise humeur. En général elle ne résistait pas longtemps, elle se mettait à parler et puis tout allait mieux. Mais avec Tony cela semblait échouer.

– Allez vous faire voir, dit-il.

– D'accord, ai-je répondu.

Je commençai alors à me contorsionner et à faire des grimaces, mettant ma tête sous le bras et entourant une jambe avec l'autre. Il se comportait comme un gamin, aussi en faisais-je autant. Cela finit par marcher. Il se mit à rire, de manière un peu grinçante au début. Je pris un nouveau risque.

– Tiens, dis-je. Vous ne savez pas, j'ai très envie d'un bon café. Vous ne voulez pas m'en faire un ?

Il parut un peu étonné. Il n'avait évidemment pas l'habitude qu'on lui demande quelque chose, surtout pas à la cuisine. Mais il se leva, obéissant comme un agneau, et versa de l'eau bouillante dans la cafetière.

– Vous êtes une drôle de fille, Anna, dit-il en me lançant un regard oblique.

Je sentis mon cœur faire une petite embardée, comme s'il avait glissé à nouveau sur la dangereuse pente de l'amour. Tony était si beau... C'est alors qu'il remarqua une tache de confiture sur son pantalon immaculé. Il était si méticuleux, épongeant et inspectant les dégâts d'un œil inquiet, que je retrouvai mon sang-froid.

– Je ne suis pas drôle, ai-je répondu.

– Mais si, dit Tony. Je ne connais personne qui vous ressemble.

– C'est donc que vous ne connaissez pas beaucoup de monde ! rétorquai-je.

– C'est exact.

Apparemment, il m'avait prise beaucoup plus au sérieux que je ne l'aurais cru.

– Ne vous fiez pas aux apparences, reprit-il. Mon côté brillant et superficiel n'est qu'une façade. Je suis un solitaire.

– Mais vous devez avoir beaucoup d'amis, dis-je, surprise. J'ai cru qu'à la fac...

– Non, dit-il sur un ton assez cynique et amer. Je n'ai pas beaucoup d'amis à la fac. Pas de vrais amis du tout si vous voulez tout savoir. Et pas de véritable famille non plus. C'est la vie, ma chère et innocente Anna. Dites-vous bien que vous êtes seule dans la vie. Et qui se soucie vraiment de vous ?

Quel numéro me faisait-il là ? Il se donnait des airs dramatiques, même s'il semblait vraiment croire à ce qu'il disait.

– Votre maman vous aime, dis-je. Elle ferait n'importe quoi pour vous.

– Plus maintenant !

Il prit la cafetière et me versa du café. Il était un peu fort pour moi, mais son arôme était délicieux. Tony semblait toujours en colère, mais il avait cessé de jouer la comédie.

– Si maman avait pensé à moi, elle aurait fait un effort pour que notre famille reste unie. Mais elle n'a rien fait pour retenir papa. Elle ne pensait qu'à Jackie. Qu'est-ce qu'elle a de plus que moi, Jackie ? J'aimerais bien le savoir ! Regardez-la, voyons !

Nous nous tournâmes vers Jackie qui jouait dans un coin. Le derrière en l'air, elle avait posé sa tête sur un coussin. Elle tournait son visage dans tous les sens, visiblement réjouie de sentir sur ses joues la douceur du velours. Elle était si drôle que même Tony se mit à rire.

– D'accord, dit-il. Il lui arrive parfois d'être assez mignonne.

– L'ennui, dis-je comme si je découvrais soudain une évidence, c'est que vous ne la connaissez pas vraiment.

– Que voulez-vous dire ? demanda-t-il, l'air offensé. Comment connaître une enfant comme elle ? Elle ne parle même pas.

– C'est vrai, mais elle sait faire beaucoup de choses. Elle a une vraie personnalité. Votre maman l'a trop gâtée, c'est là qu'est le problème.

Il se mit à rire.

– A qui le dites-vous ! répondit-il avec une certaine émotion dans la voix.

« Vous aussi, elle vous a trop gâté », ai-je été tentée de lui faire remarquer mais j'ajoutai seulement :

– Jackie pourrait apprendre à faire beaucoup plus par elle-même. Votre maman fait tout à sa place.

– Que voulez-vous dire ?

Tony se mit à bâiller. Il commençait à s'ennuyer. Il aurait préféré parler à nouveau de lui, c'était évident.

– Je veux dire qu'elle pourrait s'habiller toute seule, ranger ses jouets. Je lui ai déjà appris à se brosser les cheveux.

– La belle affaire ! dit Tony.

– Oui, dis-je avant d'avaler ma dernière gorgée de café. C'est une belle affaire, énorme, gigantesque, qu'elle y soit arrivée.

Il semblait décontenancé.

– D'accord, d'accord ! dit-il. Ne mordez pas, surtout !

Je voulus lui faire une démonstration.

– Jackie ! Viens, ma chérie. C'est l'heure de ta promenade. Va chercher ta brosse à cheveux.

Elle partit la chercher docilement dans sa chambre et revint près de moi, une main posée sur mon genou. Puis elle me sourit comme si elle attendait quelque chose. Je touchai ses cheveux.

– Brosse-toi les cheveux, Jackie, dis-je.

Elle eut un petit gloussement et, tout en fronçant les sourcils et en salivant très fort, elle leva la brosse et se mit au travail.

Tony l'observait avec impatience.

– Elle fait tout de travers, dit-il.

Il se pencha alors vers elle pour lui prendre la brosse. Mais je repoussai son bras.

– Non ! laissez-la essayer. Elle se donne beaucoup de mal, vous le voyez bien.

Dans le silence qui suivit, j'entendis le tic-tac de la pendule électrique au-dessus de la cuisinière et Jackie qui respirait bruyamment à cause de son petit nez enrhumé. Nous étions complètement absorbés, Tony et moi. Je le regardai à la dérobée. Ses doigts semblaient le démanger. Ses lèvres remuaient en réponse à chacun des gestes maladroits de Jackie. Comme moi, il souhaitait qu'elle réussisse.

Elle donna trois coups de brosse du côté droit, puis trois autres du côté gauche.

– Et maintenant derrière, lui dis-je.

C'était l'épreuve la plus difficile. La brosse glissa dans ses cheveux noirs trop fins, et l'opération fut terminée. Jackie poussa un cri de joie, renversa la tête et battit des mains, tout émerveillée. J'entendis Tony soupirer profondément.

– Elle y est arrivée, dit-il en se tournant vers moi.

– Allez-y, dis-je. Dites-lui combien elle est intelligente. Elle comprendra.

– Tu es une petite fille intelligente, Jackie, dit Tony maladroitement.

J'avais l'étrange impression que c'était la première fois qu'il lui adressait la parole. Jackie avait l'air ravie, elle bavait de plus belle et tirait la langue comme jamais.

– Rentre ta langue, Jackie.

Cela faisait sans doute la millième fois que je le lui disais. Elle rentra la langue.

– On dirait qu'elle comprend ce que vous lui dites, observa Tony l'air tout étonné.

– Bien sûr qu'elle comprend ! Certaines choses, au moins. Ne lui demandez pas de lire Shakespeare, c'est tout !

– Je n'en reviens pas, dit Tony. Elle n'était pas comme ça quand je l'ai vue la dernière fois.

– Cela fait combien de temps ?

– Trois mois, il me semble.

– Alors, vous voyez bien ! Beaucoup de choses peuvent changer en trois mois dans la vie d'une petite fille de quatre ans.

– Qu'allez-vous lui apprendre d'autre ?

La voix de Tony était pleine d'enthousiasme.

– Je ne sais pas. Elle a une foule de choses à apprendre. A mettre sa veste toute seule, par exemple .

Tony regarda la veste de Jackie d'un air critique.

– C'est beaucoup trop difficile, dit-il. Elle n'arrivera jamais à enfiler les manches. Il vaudrait mieux lui apprendre à mettre ses sandales. Elles s'attachent avec une espèce de bande adhésive, elles n'ont ni boucles ni lacets. Ce devrait être plus facile.

– Pourquoi n'essaieriez-vous pas vous-même ? lui demandai-je.

– Je suis un homme, comme je l'ai déjà dit, pas une nounou !

– Vous dites n'importe quoi ! Vous êtes son frère, oui ou non ?

Et en disant cela je me sentais comme une vraie nounou.

– Vous avez une petite sœur, une petite sœur bien vivante. Vous avez de la chance, vous ne pouvez pas savoir...

Soudain je me tus. Il me semblait que j'allais trop loin. Je me sentis rougir.

– Que voulez-vous dire ? demanda Tony.

– Mon petit frère est mort ! Il était beaucoup plus handicapé que Jackie. Il n'était même pas capable de marcher. Mais il a appris beaucoup de choses. Et vous, vous avez Jackie, et vous faites comme si elle n'existait pas. Je donnerais tout au monde pour retrouver Ben. Je donnerais tout...

Et puis, je ne sais comment, je perdis la tête et je fondis en larmes. Je me précipitai dans la salle de bains et y demeurai un petit moment, le temps de retrouver le contrôle de moi-même. Je me rafraîchis le visage, puis tirai la chasse d'eau pour faire croire à tout autre chose. Quand je sortis enfin, je faillis ne pas en croire mes yeux.

Tony était assis par terre, à côté de Jackie, ou plus précisément sur un coussin, afin de ne pas salir son précieux pantalon blanc. Il tenait à la main une des chaussures de Jackie, qui levait les yeux vers lui et souriait, manifestement heureuse d'avoir attiré son attention, mais qui, tout aussi manifestement, n'avait pas la moindre idée de ce que Tony cherchait à obtenir d'elle.

– Je croyais qu'elle comprendrait, dit Tony en fronçant les sourcils, visiblement déçu. J'ai passé cinq minutes à lui dire de mettre sa chaussure, et elle n'a rien fait.

– C'est comme si vous demandiez à quelqu'un de faire un gâteau sans lui indiquer la recette. Il faut montrer les choses à Jackie les unes après les autres.

Je m'assis près d'eux et il me donna la petite chaussure. Je la glissai dans les mains de Jackie que je guidai ensuite vers ses pieds. Elle riait. Pour elle, il s'agissait d'un nouveau jeu très amusant. Dès que j'eus retiré mes mains, elle fit la même chose et la chaussure tomba sur le sol.

Tony était sur le point d'abandonner.

– Elle n'y arrivera jamais, dit-il.

– Mais si, elle y arrivera.

J'en étais sûre, depuis qu'elle avait appris à se brosser les cheveux.

– Vous verrez. Nous recommencerons tous les jours, pendant quelques minutes, et elle finira par comprendre. Elle ne peut pas se concentrer très longtemps. Pour ses cheveux, ça a été beaucoup plus dur. Vous savez, j'ai une idée : avant que votre maman ait terminé ses cours, j'apprendrai une foule de choses à Jackie, pour lui faire une surprise. Vous ne lui direz rien, promis ?

Nous nous levâmes tous deux. Jackie était déjà à côté de la porte, prête à sortir.

– Attends, lui dis-je. Tu n'as pas encore été sur ton petit pot.

Elle se faufila entre mes jambes pour courir vers la salle de bains. Tony s'y rendit en même temps. Il allait y passer des heures à s'ébouriffer les cheveux et à s'admirer dans la glace. Je pensai tout bas : « Un jour, je te présenterai à Debbie. Vous êtes faits pour vous entendre. »

– Cela ne vous ennuie pas si nous y allons d'abord ? Jackie ne sera pas capable d'attendre que vous ayez fini.

Il rit. C'est drôle, mais je commençais à bien aimer Tony, un peu comme si nous étions frère et sœur.

Dehors, le temps avait changé. Le soleil avait chassé les nuages. Où irions-nous ? Au parc ? Au terrain de jeux ? Et si nous changions d'itinéraire ? Une drôle d'impulsion me fit diriger la poussette dans le sens opposé. Nous prîmes le chemin de la colline, où se trouve l'église. Arrivée au sommet, j'étais à bout de souffle. Si Jackie avait été mon enfant, je l'aurais obligée à marcher, et cela lui aurait fait du bien. Mais Mme Maynard avait une crainte maladive des accidents de la cir-

culation et je dois reconnaître qu'elle n'avait pas tort, dans un sens. Jackie n'avait aucune idée du danger. Courir au-devant d'un camion de cent tonnes ne lui aurait aucunement fait peur.

Comme je n'étais pas allée à l'église depuis longtemps, je me sentis légèrement embarrassée en me trouvant soudain nez à nez avec M. Henderson qui sortait de la sacristie. Je ne m'étais pas attendue à cette rencontre.

– Bonjour, Anna !

Il se pencha pour chatouiller le petit ventre de Jackie.

– Ça va, toi ?

– C'est Jackie. Je m'occupe d'elle, dis-je avec fierté.

– C'est une bonne chose pour vous, reconnut-il.

Je savais qu'il pensait à Ben et qu'il me croyait faite pour ce genre de travail. Mais il n'en dit rien, heureusement. M. Henderson pouvait avoir beaucoup de tact.

– Vous n'êtes pas venue au club depuis longtemps, dit-il.

– Je suis désolée...

– Ne soyez pas désolée – il me sourit – Venez vendredi. Ils ont organisé une soirée dansante. A mon corps défendant, je dois dire, mais ils ont insisté. Jeff m'a demandé de vos nouvelles.

– Vous en êtes sûr ?

Il n'était pas question pour moi de me faire avoir une nouvelle fois.

– Il a bien dit Anna Peacock, et il m'a demandé votre numéro de téléphone. Je lui ai donné et j'espère que cela ne vous ennuie pas. Il m'a dit qu'il vous appellerait ce soir.

Je ressentis à nouveau cette émotion bien particulière au creux de mon estomac. « Tu es idiote, me dis-je en moi-même. Hier encore tu ne cessais de penser à Tony. » Mais je savais bien qu'il n'était pas question d'amour. C'était plutôt le sentiment que quelque chose d'exaltant allait se passer. J'étais désormais bien plus sûre de moi ; il me semblait avoir cent ans de plus que l'année dernière, et mille ans de sagesse !

– Je ne veux pas vous retenir trop longtemps, dit M. Henderson en ouvrant la porte du cimetière devant la poussette. Vous allez sans doute voir la tombe de Ben.

Je n'étais pas venue pour cela, mais j'entrai quand même. C'était la première fois que je revenais ici depuis l'enterrement. Je n'avais pas voulu y revenir, je ne sais pourquoi, et cela me préoccupait. Maman venait régulièrement, je le savais, pour nettoyer la tombe, entretenir les fleurs et en planter de nouvelles. Mais j'avais toujours trouvé un prétexte pour ne pas l'accompagner.

Il me fallut quelques minutes pour trouver la tombe. Puis je la vis, sous un vieux chêne, dans un coin tranquille du cimetière. Elle portait cette inscription toute simple :

BENEDICT PEACOCK
AGÉ DE 2 ANS

Un coup de vent fit frémir l'herbe et le feuillage par-dessus les haies, souffla au visage de Jackie et faillit emporter son foulard. Elle s'agita pour me signifier qu'elle voulait quitter sa poussette. Je défis la courroie et elle descendit avec peine puis, toute joyeuse de se libérer, elle se mit à courir en tous sens. Elle voulait jouer à cache-cache avec moi, en se dissimulant entre les tombes. Les anges de marbre lui paraissaient amusants. Et, en les montrant du doigt, elle riait.

– Non, Jackie ! Arrête, pas ici !

Comment lui expliquer qu'un cimetière n'est pas un terrain de jeux et qu'on doit le respect aux morts ?

Mais je pensai à Ben qui nageait, libre et heureux, fort et souple, vers le milieu du lac et je laissai jouer Jackie. Ben n'aurait rien dit, j'en étais sûre. Il aurait même essayé de la suivre, en salissant sa belle salopette et aurait ri en voyant ce petit minois avancer joyeusement vers lui.

Pour faire connaissance avec Elizabeth Laird, qui a écrit ce livre

Où êtes-vous née ?

E. L. Je suis issue d'une famille de voyageurs. Les ancêtres de ma mère ont été parmi les premiers colons à pénétrer dans les forêts de fougères de Nouvelle-Zélande, et les sœurs de mon père – qui est d'origine écossaise – ont parcouru l'Afrique et l'Extrême-Orient. Mes parents se sont rencontrés à la suite d'un tremblement de terre en Nouvelle-Zélande et, tout comme mes frères et sœurs, je suis née à Wellington. En 1945, toute la famille s'est installée à Londres.

Où vivez-vous maintenant ?

E. L. Je n'ai pas tardé à voyager moi-même et, à l'âge de dix-huit ans, je suis partie pour la Malaisie où j'ai enseigné l'anglais pendant un an. Après mes études universitaires (au cours desquelles j'ai étudié le français et l'allemand), j'ai enseigné pendant deux ans en Éthiopie avant de partir pour l'Inde. J'ai rencontré mon mari, David McDowall, dans un avion entre Bombay et Bhôpal. Un an plus tard nous étions mariés et nous avons d'abord vécu à Bagdad. Notre premier fils est né à Londres en 1977. Après sa naissance, nous sommes partis vivre quelque temps à Beyrouth. Mais la guerre a éclaté au Liban et nous avons été évacués vers Vienne, où notre second fils est né. Ensuite, nous sommes revenus à Londres, où nous sommes désormais installés.

ÊTES-VOUS UN ÉCRIVAIN À TEMPS COMPLET ?

E. L. Mon mari et moi sommes des écrivains à plein temps. Nous nous mettons au travail à huit heures quinze chaque matin, nous faisons une pause pour déjeuner et nous nous arrêtons en fin d'après-midi. C'est agréable d'avoir quelqu'un qui travaille à côté de soi dans la même pièce, ça aide à se concentrer.

MON DRÔLE DE PETIT FRÈRE *EST-IL VOTRE PREMIER ROMAN ?*

E. L. J'avais déjà écrit beaucoup de livres pour la jeunesse, mais *Mon drôle de petit frère* est mon premier roman.

VOUS A-T-IL FALLU BEAUCOUP DE TEMPS POUR L'ÉCRIRE ?

E. L. L'idée m'en est venue soudainement, et j'ai mis très peu de temps à l'écrire, à peu près six semaines.

QUEL CONSEIL DONNERIEZ-VOUS À UN ÉCRIVAIN DÉBUTANT ?

E. L. Quand j'étais jeune, je n'imaginais pas que je deviendrais écrivain. Cependant, je tenais un journal. Chaque jour, j'écrivais une page. Je notais ce que j'avais pensé, les événements de la journée, j'y parlais de ma famille et de mes amis. J'en tiens toujours un et lorsque je le lis, cela m'aide à trouver l'inspiration. Si vous voulez être un écrivain, achetez donc un cahier et commencez à tenir le vôtre. Un jour, il sera le livre le plus utile et le plus intéressant de votre bibliothèque.

Elizabeth Laird a déjà publié *Si loin de mon pays* (Lecture Junior) et *Une amitié secrète* (Folio Junior).

KEN BROWN NOUS RACONTE COMMENT IL A ILLUSTRÉ MON DRÔLE DE PETIT FRÈRE

J'ai tout de suite aimé ce roman. C'est une histoire forte, avec un « message » qui, je crois, aidera tous les lecteurs. L'émotion y est simple et authentique. Et puis ça m'a intéressé de suivre l'évolution de cette petite fille qui grandit. Mais je n'osais pas l'illustrer ! Je doutais de moi, de mes capacités d'illustrateur. Comment dessiner Ben, avec sa grosse tête, sans qu'il apparaisse défiguré ? Car il fallait le dessiner, il fallait qu'on le voie ! Comment donner au livre son rythme ? Comment être aussi vrai que ce récit ? Finalement, je m'y suis mis... D'abord, il faut se documenter, observer. Je me suis remémoré la banlieue de Londres, ou de Bristol, si différente de Bath, où j'habite, pour que le décor soit ancré dans un milieu authentique. Et puis j'ai regardé les poussettes de bébé... J'avais complètement oublié à quoi elles ressemblent ! J'ai commencé à travailler dans mon atelier, au cinquième étage de notre maison. Ma femme Ruth travaille au rez-de-chaussée. Je la considère comme mon meilleur critique. Si elle me dit que quelque chose est raté, je la crois. Je boude, pendant un certain temps, puis je déchire et je recommence. Dès que je me suis mis au travail, les doutes et les inquiétudes ont fait place à la concentration. Dès lors, je n'ai plus cherché qu'à faire de bonnes illustrations, à réaliser pour ce texte un bon commentaire.

Ken et Ruth Brown publient régulièrement des albums aux Éditions Gallimard Jeunesse.

SANS FAMILLE I

Hector **Malot**

n°129

Chaque soir, une paysanne dépose sur la joue de Rémi, l'enfant trouvé, un tendre baiser. Un jour, la porte de la maison s'ouvre, et l'homme frustre qui paraît sur le seuil détruit à jamais, de son bâton levé, tant de bonheur rustique. Rémi est chassé sur la route, et apprend l'errance, le froid et la faim, aux côtés d'un étrange et digne vieillard, musicien-dresseur de chiens.

Le portrait d'un enfant fragile et courageux.

SANS FAMILLE II

Hector **Malot**

n°130

Rémi découvre en Mattias, petit Espagnol aux yeux battus, égaré dans un Paris cruel, un compagnon de route et de misère.

Le violon en bandoulière, le ventre creux et le cœur battant, les deux enfants sillonnent, hardis et frissonnants, les routes de France et d'Angleterre.

Rémi, le petit gavroche déraciné de Sans Famille, *poursuit et achève ici sa longue errance.*

HEIDI

Johanna **Spyri**

n° 712

Heidi, une jeune orpheline, doit aller vivre chez son grand-père, homme solitaire qui vit dans l'alpage. D'abord effrayée par ce curieux personnage, elle apprend vite à l'aimer et se laisse séduire par l'existence simple qu'il mène. Aux côtés du vieil homme et de Peter, son nouvel ami, elle découvre les beautés de la montagne.

HEIDI/2

UN ÉTÉ DANS LES MONTAGNES

Johanna **Spyri**

n° 759

Heidi ne se tient plus de joie. Son amie Clara vient d'arriver au chalet de Grand-Père pour un long séjour. Clara découvre avec émerveillement l'air pur des alpages, les sapins majestueux, les prés qui s'étendent à perte de vue.

Seule sa maladie jette une ombre sur les retrouvailles avec Heidi. Se pourrait-il, comme le prétend le docteur Classen, que les montagnes aient « le pouvoir de soigner le corps et de guérir l'âme » ?

Heidi, qui n'a rien perdu de sa fraîcheur et de son enthousiasme, veut y croire de toutes ses forces.

La fille de Papa Pèlerine

Maria **Gripe**

n° 208

Laëlla aime la forêt, sa maison et le vieil épouvantail qu'elle a baptisé « Papa Pèlerine ». Au village, on la dit sauvage et renfermée.

Seule Mme Adine l'aide à s'occuper de ses deux jeunes frères pendant les longues absences de sa mère qui navigue sur les mers lointaines. Mais cette fois, maman a écrit qu'elle ne rentrerait pas cet hiver. Il faut tout quitter et aller en pension.

A l'enseigne du diable

Leon **Garfield**

n° 727

Peter Puffin est un garçon turbulent et difficile. Le contraire de son frère jumeau Paul. Ses parents ne sont pas fâchés de l'envoyer en apprentissage chez un respectable serrurier.

Mais ce galopin ne rêve que de Zanzibar et des mers de Chine. C'est la clef de sa liberté que Peter veut gagner, et pour cela, il est prêt à étouffer la voix de sa conscience.

Car le diable rôde et tend ses pièges dans l'ombre. Paul réussira-t-il à sauver son frère ?

Matilda

Roald **Dahl**

n° 744

Avant même d'avoir cinq ans, Matilda sait lire et écrire, connaît tout Dickens, a dévoré Kipling et Steinbeck. Pourtant son existence est loin d'être facile, entre une mère abrutie par la télévision, et un père escroc.

Le Vœu du paon

Jean-Côme **Noguès**

n°616

En pays d'Oc, vers 1204. Jordi le jongleur a promis au jeune Grillot de l'emmener dans son éternel voyage. L'heure est venue, enfin, de cette marche vers les montagnes, dont l'enfant rêve depuis de longues années. Peut-être découvrira-t-il enfin qui étaient ses parents, et pourquoi il fut abandonné, à peine né, près d'une fontaine.

Le Jardin secret

Frances H. **Burnett**

n°559

À la mort de ses parents, Mary Lennox quitte l'Inde, où elle avait toujours vécu. Exilée dans le manoir anglais d'un oncle absent, Mary trouve du réconfort dans l'amitié. Elle partage avec Dickon, Collin et le rouge-gorge, un merveilleux secret : un jardin oublié de tous, dont la clef, comme par magie, ouvre aussi la porte des cœurs...

LA PETITE PRINCESSE

Frances H. **Burnett**

n°659

Sara Crewe, fille unique et choyée d'un riche Anglais installé aux Indes, vient parfaire son éducation dans un pensionnat réservé aux jeunes filles de la bonne société londonienne. Le jour de l'anniversaire de Sara, une fête somptueuse se prépare à la pension. Mais un homme de loi se présente, porteur d'une terrible nouvelle, qui bouleverse la vie de la fillette.

PAPA-LONGUES-JAMBES

Jean **Webster**

n°692

« Un bienfaiteur, qui désire rester anonyme, offre de t'envoyer à l'université. En échange, tu lui écriras chaque mois une lettre donnant des détails sur tes études et ta vie là-bas comme tu en écrirais à tes parents, s'ils vivaient encore. » Pour Judy Abbott, jeune orpheline élevée entre les murs d'un respectable et ennuyeux foyer, la proposition est aussi surprenante qu'inespérée. Elle accepte de bonne grâce de se plier aux exigences de son mystérieux tuteur, auquel elle a donné le surnom affectueux de Papa-Longues-Jambes.

Les Aventures de Tom Sawyer

Mark **Twain**

n°449

Pour Tom, il y a des choses vraiment plus importantes que l'école : aller à la pêche, jouer à Robin des Bois, ou retrouver son grand ami Huck. À force d'inventer des histoires et de se prendre pour des bandits, Tom et Huck vont se retrouver mêlés à un véritable crime, avec de vrais assassins et un authentique trésor...

Huckleberry Finn

Mark **Twain**

n°230

Si vous n'avez pas lu Les Aventures de Tom Sawyer, *vous ne savez pas qui je suis, mais ça n'a pas d'importance. C'est M. Mark Twain qui a écrit ce livre, et ce qu'il y raconte, c'est la vérité vraie, presque toujours. Il exagère quelquefois, mais il n'y dit guère de menteries. Bah ! ce n'est pas bien grave... Ça arrive à tout le monde de mentir de temps à autre, sauf à tante Polly peut être, ou à la Veuve, ou encore à Mary…*

LE PAYS OÙ L'ON N'ARRIVE JAMAIS

André **Dhôtel**

n°464

Depuis sa plus tendre enfance, Gaspard suscite, par sa seule présence, les événements les plus surprenants... aussi se méfie-t-on de lui à Lominval. Et voici que survient un enfant aux yeux purs, qui va entraîner Gaspard dans sa quête du Grand Pays, le pays des vagabonds, où palmiers, bouleaux, chênes croissent, dans la terre noire, près de la mer... Guidés par un mystérieux cheval pie, les deux amis partent à la poursuite de leur rêve...

Loi n° 49-956 du 16 juillet 1949
sur les publications destinées à la jeunesse
ISBN 2-07-051718-7
Numéro d'édition : 83882
1er dépôt légal : novembre 1993
Dépôt légal : novembre 1997
Imprimé en France sur les presses de l'Imprimerie Hérissey, à Évreux
N° d'impression : 40551